Wolfgang Müller

Zumutung Anthroposophie

Wolfgang Müller

Zumutung Anthroposophie

Rudolf Steiners Bedeutung für die Gegenwart

INFO3 VERLAG

Wolfgang Müller:
Zumutung Anthroposophie

ISBN 978-3-95779-143-6

Erste Auflage 2021
Zweite Auflage 2022
Dritte Auflage 2022
Vierte Auflage 2023

Lektorat: Jens Heisterkamp, Frankfurt am Main
Typographie und Satz: de·te·pe, Ulrich Schmid, Aalen
Umschlag: Frank Schubert, Frankfurt am Main
Die Abbildung (Aufnahme: Frank Schubert) zeigt eine Original-Manuskriptseite von Rudolf Steiner. © Rudolf Steiner Archiv Dornach
Druck: Jelgavas Tipogrāfia, Jelgava, Lettland

Inhalt

Einleitung

Übersieht die heutige Welt etwas ganz Entscheidendes? Verpasst sie einen Entwicklungsschritt, ohne den sich unmöglich der Weg in eine humane Zukunft finden lässt? Und ignoriert sie ebenso hartnäckig wie hochmütig eine Stimme, die mit größter Intensität auf diese Tatsachen hinwies? – Allein diese Fragen wirken bizarr, und wenn wir erfahren, dass sie von *anthroposophischer* Seite kommen, glauben wir es läuten zu hören: Eine nicht ganz unsympathische, aber etwas wunderliche Gemeinde möchte ihrer Lehre und ihrem Meister eine Weltbedeutung zuschreiben. Nun ja. Tatsächlich sind Anthroposophen überzeugt, dass Rudolf Steiner einen neuen Zugang zu den großen Weltfragen gefunden hat und dass sein Ansatz die Wirklichkeit auf tiefere Weise verständlich macht als die heute herrschenden Denkweisen, ja das Tor aufstoßen könnte zu einem epochalen kulturellen Wandel.

Dieser Mann also, der 1861 in einem Winkel des alten Habsburger-Reiches geboren wurde und 1925 im schweizerischen Dornach starb – dieser Mann soll in seinem wahren Format von der Welt übersehen worden sein? Er soll mehr sein als ein sicherlich ungewöhnlicher Kopf, von dem beachtliche Impulse ausgingen, von den Waldorfschulen bis zum biodynamischen Landbau?

Steiner eine so überragende Bedeutung zuzuschreiben erscheint noch befremdlicher, wenn man an *andere* markante

Gestalten seiner Zeit denkt, etwa den wenig älteren Sigmund Freud oder jüngere Zeitgenossen wie Albert Einstein oder Franz Kafka. Einstein und Kafka haben sogar Vorträge von Steiner besucht. Einstein mokierte sich anschließend über das Gehörte, Kafka ging immerhin so weit, um ein Gespräch mit Steiner zu ersuchen, das aber wohl keine tieferen Spuren hinterließ (diese Episoden werden später noch ein wenig beleuchtet). Wenn also bedeutende Zeitgenossen mehr oder weniger unbeeindruckt an Steiner vorbeigingen – sollten wir ein Jahrhundert später zu anderen Ergebnissen kommen?

Dieses Buch sagt, in aller Vorsicht, ja. In aller Vorsicht, weil hier offenkundig große Fragen ins Spiel kommen. Das neuzeitliche Weltverständnis, über das die Anthroposophie in vieler Hinsicht hinausgehen möchte, ist ja keine kulturelle Laune. Es ist über Generationen erkämpft und wurde (etwa auf dem Weg von Newton zu Einstein) vielfach revidiert und erweitert, mit anderen Worten: es hat sich bewährt und hat, besonders auch durch seine technischen Anwendungen, eine bis in den Alltag reichende Überzeugungskraft. Dem etwas entgegenzusetzen ist keine Kleinigkeit. Es verlangt mehr als den Hinweis auf die menschlichen und ökologischen Schattenseiten des neuzeitlichen Weges und mehr als das Winken mit vermeintlich angenehmeren Alternativen. Es verlangt den Zugang zu einer Weltanschauung, die umfassender, relevanter und wirklichkeitsgemäßer ist.

Dabei geht es nicht darum, das heutige Weltbild quasi nach oben, um eine „höhere Welt" zu erweitern, so wie dies spirituellen Lehren gern unterstellt wird. Es ist eher so, dass dieselbe Welt *anders angeschaut* und tiefer verstanden wird. Man könnte an Goethes großartiges Wort vom „offenbaren Geheimnis" denken: Etwas kann vor aller Augen und doch in seinem Wesen verschlossen sein. Oder ein profaneres Beispiel: Als Napoleons Truppen 1798 in Ägypten einfielen, sahen sie überall auf den alten Tempelwänden die Hieroglyphen, in voller Schönheit, aber nur wie stumme Zeichen. Erst gut zwanzig Jahre später gelang dem jungen Jean-François Champollion die Entschlüsselung. Jetzt erst konnten sich, hinter flachen Steinwänden, ganze Lebens- und Gedankenwelten öffnen.

Eine solche Entschlüsselung ist, könnte man sagen, in unserer Zeit in einem viel tieferen Sinn zu leisten. Anders gesagt: Was wir im Alltag sehen, was auch die Wissenschaft genauer beschreibt, ist nicht falsch. Aber es ist nur eine erste Schicht, hinter der sich Weiteres und Wesentliches verbirgt. Wird das nicht verstanden, ist das etwa so, als ob man meinte, einen Menschen durch bestimmte Merkmale erfassen zu können – Größe, Sprache, Wohnort –, ohne zu begreifen, dass das Entscheidende erst jenseits davon beginnt. Erst wenn wir einen Menschen in seiner seelischen Verfassung, in seinen besonderen Impulsen und innersten Anliegen zu verstehen beginnen, nähern wir uns dem, was ihn wirklich charakterisiert. So schwer all dies auch zu fassen ist, so wenig es sich in Zahlen und Daten ausdrücken lässt – ist nicht klar, dass wir erst hier auf das stoßen, worum es geht? Erst hier kommt das in den Blick, was Mensch und Welt verständlicher machen kann; und nebenbei gesagt auch das, was sie so interessant macht.

Dies, in etwa, ist die Optik der Anthroposophie. Steiner bezeichnete sie oft auch als *Geisteswissenschaft*, weil sie im Kern anstrebt, die in der sichtbaren Welt wirksamen – unsichtbaren – geistigen Kräfte zu identifizieren und zu erforschen; sie bedeutet, mit seinen Worten, „die Vertiefung in die Phänomene bis zu dem Grade, dass sie ihre geistige Wesenheit enthüllen".

Was dies im Einzelnen heißen kann, hat Steiner in etlichen Büchern und in Tausenden Vorträgen zu zeigen versucht (er hielt die Vorträge stets frei, aber die meisten wurden mitstenografiert). Das thematische Spektrum dabei ist immens, es reicht vom Blick auf den einzelnen Menschen über kulturelle Betrachtungen darüber, wie unterschiedlich Menschen in verschiedenen Epochen in der Welt standen, bis zu einem veränderten Blick auf Natur und Kosmos. Alles ist in der Darstellung anspruchsvoll, fast möchte man sagen: kompromisslos schwierig. Zudem ist es, wenn man mit den heutigen schulischen und intellektuellen Prägungen herangeht, irritierend anders und bis in die Begrifflichkeit fremd. Und doch kann sich, über manche Barrieren hinweg, allmählich der Eindruck verdichten, dass hier die Wirklichkeiten der Welt tiefer als sonst getroffen und erfasst werden. Es ist dann, als würden in einem vertrauten Bild neue und bedeutsamere Züge erkennbar, eben jene *geistigen* Zusammenhänge, die in Steiners Wahrnehmung kein blasses Irgendwas sind, sondern der eigentliche, innerste Text der Welt. In allem, sagt er einmal, erscheine der Geist „wie eine innere Physiognomie". Nur müsse der Mensch erst die inneren *Organe* ausbilden, um diese Zeichensprache zu lesen. Auf einem Notizblatt hielt er fest:

> „Die Welt ist ohne den Geist für den Menschen wie ein Buch, abgefasst in einer Sprache, die er nicht lesen kann, doch von dem er weiß, dass sein Inhalt lebenbestimmend ist. Und Geisteswissenschaft will erstreben die Kunst des Lesens."[1]

Gewiss, dies sind Worte, die in unserer Zeit ungewöhnlich wirken. Und es ist ein Anspruch, der vermessen erscheinen kann. Man mag es eigentlich unmöglich finden, dass ein Einzelner quasi im Alleingang zu so neuen Perspektiven vordringen könnte. Man mag auch Steiners Welterzählung manchmal sehr kursorisch finden und nach weiteren Begründungen verlangen. Man mag im Einzelfall auch Fehler zu erkennen glauben. Steiner selbst hätte das übrigens nicht ausgeschlossen:

> „Da werden gewiss mancherlei Irrtümer drinnen sein, selbstverständlich, aber das ist genauso wie bei anderen Forschungen. Es handelt sich nicht um diese Irrtümer im Einzelnen, sondern es handelt sich um den Grundcharakter des Ganzen."[2]

Insofern: Dass die heutige Welt einem Phänomen wie der Anthroposophie skeptisch begegnet, dass sie auch manche Fragen an ihren Gründer hat, ist ganz natürlich. Dass sie sich aber mit dem, was hier als großer Impuls in die Welt kam, gar nicht *auseinandersetzt*, dass sie sich in ihrer Wahrnehmung auf ein paar Randaspekte kapriziert, ohne den „Grundcharakter des Ganzen" überhaupt von Ferne zu erkennen – darin kann man eine Tragödie sehen.

Das Wort ist nicht zu groß. Denn die Anthroposophie ist alles andere als eine intellektuelle Spielerei oder ein Versuch, es sich in der kühlen Moderne wieder spirituell gemütlich zu machen. Im Kern will sie nichts anderes als die *volle Wirklichkeit* in den Blick nehmen, auch die Seiten, die in der Neuzeit ausgeblendet wurden. Rudolf Steiner hat diese neuzeitliche Verengung auf das Materielle und Messbare immer als einen notwendigen Prozess beschrieben. In ganzen Vortragszyklen erläuterte er, warum die Menschheit aus ihren einstigen religiösen Geborgenheiten heraustreten und gleichsam ein kaltes Weltverhältnis erreichen musste, um ein freies, autonomes Ich-Bewusstsein auszubilden. Nun aber – heute – sei der nächste Schritt notwendig: sich mit dieser starken neuzeitlichen Bewusstseinskraft wieder dem vollen Bild zu nähern, der ganzen Wirklichkeit, der materiellen wie der geistigen, die in Wahrheit zusammengehören, auch wenn unsere Epoche dafür gar keine Begriffe hat. Solche Begriffe versuchte die Anthroposophie zu prägen.

Warum man das braucht? Weil eben mit den heutigen Begriffen, die nur die halbe Wirklichkeit erfassen, kaum mehr als halbe Lösungen gelingen können. Es könne dann, so Steiners unermüdliche Kritik, nicht mehr herauskommen als das moderne Hantieren mit großspurigen „Programmen", die dann leider „in den Spalten des Lebens durchfallen".

Die brennenden Weltfragen werden sich nur angehen lassen, wenn Mensch und Welt tiefer als heute verstanden werden. So einfach ist es, so schwierig.

*

Vielleicht ist es nicht falsch kurz anzudeuten, welcher persönliche Weg zu diesem Punkt geführt hat. Ich stamme aus einem naturwissenschaftlich gefärbten Elternhaus. Die Eltern hatten Medizin beziehungsweise Zahnmedizin studiert, ihre akademische Prägung war die einer wissenschaftlichen Nüchternheit. Ich erinnere mich, dass sie einmal eine Anekdote aus dem Hörsaal erzählten. Ein Professor illustrierte seine Wahrnehmung der Homöopathie und ihrer Verdünnungsprinzipien: Das sei so, wie wenn man bei Basel ein Reagenzglas mit Wirkstoffen in den Rhein schütte und später an der Mündung in die Nordsee ein Glas als Arznei abfülle. Das Auditorium wird sich vor Lachen ausgeschüttet haben. Ich meine mich auch an ironische Bemerkungen der Mutter über einen anthroposophischen Nachbarn zu erinnern, der seine Gartenerde in besonderer Weise umgrub und dem Licht der

Sonne aussetzte. Man war durch so etwas eher peinlich berührt.

Wobei die Dinge dadurch komplizierter wurden, dass das Leben der Eltern zugleich eine ernste protestantische Grundierung hatte, die sich im Einsatz für andere ausdrückte und wohl auch in der inneren Bewegung beim Hören von Bachs Passionen. Sie hatten also durchaus einen Sinn dafür, dass der heutige wissenschaftliche Zugang nicht das ganze Sein erfasst. Die Frage aber, in welchem Verhältnis die religiösen Aussagen über tiefere Wirklichkeiten zu den Beschreibungsformen der Naturwissenschaft stehen, ließen sie wohl – wie so viele Menschen heute – offen.

Ich selbst kam durch einen Freund, Andreas Bracher, den ich aus dem Geschichtsstudium kannte, mit der Anthroposophie in Berührung. Es gab aber wenig, das mich dorthin zog. Zwar hatte ich, nach einer schwungvollen agnostischen Phase, eine innige Beziehung zu den großen spirituellen Traditionen entwickelt, von der Bhagavad Gita bis zur Bibel, von Lao Dse bis Meister Eckhart. Mit Steiner aber konnte ich, wenn ich einmal in seine Werke hineinlas, wenig anfangen. Allein schon die Selbstverständlichkeit, mit der er von *Geist* oder *Seele* sprach, erschien mir verdächtig und etwas gestrig.

Andreas meinte irgendwann, es könne interessant sein, wenn ich meine Vorbehalte einmal zu Papier brächte. Daraus wurde ein Artikel mit dem Titel *Warum die Anthroposophie nicht durchdringt*. Es gelang tatsächlich, ihn in einer anthroposophischen Zeitschrift, in der schon zu Steiners Zeit gegründeten *Die Drei* zu veröffentlichen, und er zog beträchtliche Reaktionen nach sich.

Zu dieser Zeit war ich schon Mitte vierzig, und es gingen weitere Jahre ins Land. Erst mit 57 kam eine eigentümliche Wendung. Ich hatte für einen Text eine gewisse historischpolitische These ausgearbeitet und eines Morgens unversehens bemerkt, dass meine Gedanken im Grunde auf das hinausliefen, was Steiner *soziale Dreigliederung* nannte. Ich griff also doch wieder ins Regal – und lese seitdem praktisch täglich Steiner.

Als ich unserer inzwischen verstorbenen Mutter einmal davon erzählte, kam ihr trotz Demenz in den Sinn: Hast du nicht einmal etwas Kritisches dazu geschrieben? Ich sagte, dass ich die Dinge inzwischen anders sehe. Worauf nach einer Pause, mitten aus der verrutschten Gedankenwelt, ein schöner, souveräner Satz kam: Ja, manchmal muss man seine Meinung ändern.

Es war eine lange Inkubationszeit, und manche in meiner Umgebung mögen darüber das denken, was Steiner einmal ironisch als typische Reaktion auf solche Entwicklungen wiedergab: „Sehr schade, dass der so verrückt geworden ist."

*

Mitunter kann die Anthroposophie wie eine ungeheure Landschaft wirken – und was dieses Buch unternimmt, sind nur kleine Exkursionen. Sie beginnen mit Aphorismen, die noch etwas von der ersten skeptischen Begegnung mit Steiners Werk spiegeln, und wenden sich dann der faszinierenden Eigenart menschlicher Lebensgeschichten zu, insbesondere auch der von Rudolf Steiner selbst. Anschließend geht es um die zentrale Frage, warum die Anthroposophie so deutlich von der Hauptrichtung heutiger Naturwissenschaft und Philosophie abweicht. Weitere Themen sind unter anderem die notorischen Vorwürfe, Steiners Werk zeige nationalistische und rassistische Züge, die vieldiskutierte Nähe und Fremdheit von Religion und Anthroposophie und schließlich die bis heute völlig unverstandenen *politischen* Gesichtspunkte einer tieferen Weltsicht. – Es sind alles nur Versuche. Wenn die Anthroposophie ein Lesen der Welt erstrebt, dann erstrebt dieses kleine Buch ein Lesen der Anthroposophie. – Es sind immer wieder Schritte auf ungewohntem Terrain. Ganz grundsätzlich, meinte Steiner, befinde sich unsere Zeit in diesen tiefen Weltfragen noch in einer Art Elementarschule: „Wir kommen kaum schon zu einem wirklichen Lesen, sondern nur zu einer Art von Buchstabieren. Aber wir können doch ergriffen sein von dem Umwandlungsimpuls, der dadurch für die Menschheitsentwickelung hereinbricht."[3]

*

Mein Dank geht an Andreas, der mich, den Widerstrebenden, mit der Anthroposophie bekanntgemacht hat, und er geht an Ruth, die mir mit meinen etwas vorlauten Urteilen gerne mal den Kopf zurechtsetzte und die mir bei der Arbeit am Buch viele gute Hinweise gab. – Keiner meiner Fehler als Autor ist mir im Nachhinein so lieb wie der (in einem Artikel für die *taz*), der mir eine Mail der Steiner-Biografin Martina Maria Sam eintrug; wie viele „Zettelchen" sind seitdem zwischen Dornach und Hamburg hin und her geflogen! Jens Heisterkamp danke ich für den Anstoß zu diesem Buch und die gute Begleitung. – Wie ich Hala, Donia und Tarek, meiner Familie, danken kann, das weiß ich nicht; sie sind das größte Geschenk.

1.
Man möchte es hinausschreien
Aphoristische Einstimmung

Warnung. – Eigentlich müsste man denen, die sich der Anthroposophie nähern, sagen: Stellt euch auf die maximale Verstörung ein! Auf die Umstülpung aller Anschauungen. Was ihr bisher missachtet oder gemieden habt, wird eine neue, andere Bedeutung gewinnen. Denn die Wahrheit ist, dass die Anthroposophie (mit Rudolf Steiners Worten) „das Denken, das ganze Sinnen des Menschen, die ganze Seelenverfassung eben in eine andere Richtung bringt, als diejenige ist, die nun eben gang und gäbe ist".[1]

Evolutionär gedacht. – Ein zentraler Hinweis Steiners lautet, es komme auf eine Seelenverfassung an, die nicht in erster Linie darauf ausgerichtet ist, die Antwort auf diese oder jene Frage zu finden, sondern darauf: „Wie entwickele ich diese oder jene Fähigkeit in mir?" – Die Antworten kommen zu ihrer Zeit. Sie kommen, wenn die *Voraussetzungen* gegeben sind. Dies zu verstehen ist, erkenntnistheoretisch wie lebenspraktisch, von größter Tragweite.

Transit. – Ich kenne keine Weltanschauung, die auf den ersten Blick so viele Anlässe zur Skepsis bietet und die man, etwas bösen Willen vorausgesetzt, so schnell *abfertigen* kann wie die Anthroposophie und mit der man doch, sobald ihr zentraler Ansatz und dessen erklärende Kraft in den Blick kommen, kaum an ein Ende gelangt.

Durchaus tragisch. – Viele, gerade unter den besten Köpfen des Zeitalters, streben nach einer kühlen, realistischen, von Illusionen befreiten Weltauffassung. Fast alle unter ihnen aber fallen mit diesem Impuls dem weltanschaulichen *Materialismus* zu, weil er diesem Ziel – scheinbar – am ehesten entspricht. Ein *tieferer* Realismus, der auch andere Realitäten in den Blick bekommt, ist offenkundig nicht in ihrer Reichweite, vorläufig.

Der Freund. – Er hat gar nie gedrängelt. Es ist wohl ohnehin nicht seine Art, andere bekehren zu wollen. Das Einzige – in Jahrzehnten – war, dass er mal ein Steiner-Bändchen auf den Tisch legte, in das vorne geschrieben war: *Würde mich so freuen, wenn Du etwas „Brauchbares“ darin finden könntest.* Ich fand es nicht.

Er hat einfach nur in unseren Gesprächen fast immer die interessantere, bedeutsamere Perspektive auf die Dinge. Und irgendwann fragt man sich halt, ob das mit der Anthroposophie zusammenhängt.

Blick ins Schaufenster. – Einer der ersten Eindrücke, wenn man das anthroposophische Milieu streift, ist der, dass dort ein großes Gewese um bestimmte Begriffe gemacht wird, insbesondere das „Ich“, die „Individualität“ und das „Denken“, vorzugsweise das „reine“ Denken.

Das wirkt nicht einladend, macht nicht neugierig. Was *Ich* und *Individualität* betrifft, werden viele Menschen finden, dass es damit heutzutage ohnehin schon übertrieben werde. Und in Bezug aufs *Denken* empfinden die meisten auch keinen Mangelzustand, sie ersehnen eher Aufschwünge emotionaler Art. Entsprechend kann es scheinen, als brächte Steiner mehr von dem, wovon es jetzt schon zu viel gibt.

All dies geht nun völlig an Steiners Verständnis dieser Begriffe vorbei. Bis dieses indes verdolmetscht ist, sind die Leute schon weitergezogen.

Selbstverkleinerung. – Hat die Anthroposophie womöglich selbst das erlitten, was Steiner sinngemäß dem modernen Christentum vorhält: den eigenen geistigen Anspruch nicht auf seiner vollen Höhe vertreten zu können? Und hat sie nicht auf diese Schwäche ganz ähnlich reagiert, mit einer Fokussierung aufs Ethisch-Praktische? *Caritas* und *Waldorfschulen*: In dieser Sprache glaubt man sich noch verständlich machen zu können. Sich durch seinen praktischen Nutzen ausweisen wollen – das bleibt, wenn das Entscheidende fehlt: den eigenen Inhalt zentral zu fassen und in einer Weise zu vertreten, die es mit den dominierenden Mentalitäten aufnehmen kann. Erst dies aber könnte der Praxis ein starkes Rückgrat geben. Und erst dies könnte den Weg öffnen, um nicht nur eine Nische zu besetzen, sondern einen kulturellen Wandel einzuleiten.

Gegenoffensive. – Ein häufiger, und häufig auch berechtigter, Vorbehalt gegen alle Arten spiritueller Bewegungen ist: dass sie im Grunde doch auf eine *Dämpfung* des Bewusstseins hinausliefen, eine Heimeligkeit auf Kosten der Klarheit, letztlich eine Abkehr vom Besten der Neuzeit.

Das alles aber ist, auch wenn es in Sumpfgebieten der Anthroposophie vorkommen mag, das Gegenteil ihrer Grundrichtung. Vielmehr will sie ein bewusstes Erkennen in weitere und tiefere Bereiche hineintreiben. Eigentlich behauptet sie sogar, dass die *heute* dominierenden Bewusstseinsformen getrübt sind und sich mit oberflächlichen Kategorien begnügen. Kurz, Anthroposophie versucht, sich der ganzen Tiefe der Wirklichkeit mit voller Schärfe zu stellen.

Dieser Punkt ist zentral, um sie heute in der rechten Weise zu vertreten.

Wo suchst du? – Die mentale Ausrichtung unserer Epoche zeigt sich sehr schön darin, in welcher Richtung, wenn überhaupt, eine Lösung der großen Welträtsel gesucht wird. Der Physiker Harald Lesch bemerkt einmal, Physiker würden sehr oft nach Gott gefragt, niemand befrage aber seinen Bäcker danach. Die Erwartung ist offenbar, dass gerade die moderne Naturwissenschaft mit ihren Vorstößen in die Welt des Allergrößten und des Allerkleinsten tiefere Einsichten bringen könne. Die Auflösung der alten Vorstellungen von Raum und Zeit etwa, wie sie durch die Relativitätstheorie geleistet wurde, oder auch eigenartige Phänomene der Quantenwelt – all dies scheint nahezulegen, dass an den *Rändern* heutiger Erkenntnis entscheidende Antworten zu finden seien; dass dort womöglich etwas *Anderes* beginne, das in jenen sonderbaren Phänomenen schon in unser Blickfeld hineinschwappt.

Wie aber, wenn das Andere nicht an den Rändern begänne, sondern in der Mitte, *hier*, in dem, was wir längst zu kennen glauben und vielleicht doch nicht kennen? Wie, wenn im Menschen selbst fantastischere Geheimnisse eingeschlossen wären, als die Astrophysik je zu bieten hätte? Tatsächlich sieht Steiner im Menschen „eine Offenbarung des ganzen Weltenalls".[2]

Wenn das stimmt, muss man diese Offenbarung allerdings erst verstehen lernen; muss man sich den menschlichen Wirklichkeiten in ihrer ganzen Spannweite und mit einer Methodik zuwenden, die ihrem Wesen gerecht wird. Diese Methodik nennt sich Anthroposophie.

Einspruch. – Die heutige handzahme westliche Religiosität hat mit der modernen Wissenschaft ein geheimes Abkommen geschlossen. Sie überlässt der Wissenschaft, von der sie seit Jahrhunderten in die Enge getrieben wurde, den Anspruch auf Welterklärung, solange man ihr die Reservate des Glaubens lässt.

Anders die Anthroposophie. Sie will es mit der etablierten Wissenschaft aufnehmen, diese ergänzen, korrigieren, vertiefen. Sie will nicht glauben, sondern erkennen. Sie behauptet, die *umfassendere* Wissenschaft zu bieten.

Das kommt weder in der religiösen noch in der akademischen Abteilung gut an.

Religion und Anthroposophie. – Der Unterschied zwischen dem heutigen kirchlichen Sprechen über Gott und die Welt und dem Steiners könnte in der Tat nicht größer sein. Wo auf der einen Seite alles um wenige große Chiffren kreist – Seele, Glaube, Gott, Erlösung –, wird auf der anderen Seite ein bis in die Einzelheiten gehendes, bis ins Letzte differenziertes Tableau höherer Erkenntnisse ausgebreitet. Es ist wie der Unterschied zwischen einem, der sagt: ich glaube, es gibt einen Seeweg nach Indien, und einem anderen, der auf einen Schlag die komplette Route einschließlich der Gestalt des zu umfahrenden Kontinents liefert, von Neufundland bis zur Magellanstraße. – Selbstverständlich ist das höchst erklärungsbedürftig.

So ist es eben. – Manchmal, etwa bei Steiners weit ausgreifenden Schilderungen geistiger Wesenheiten und deren je unterschiedlicher Entwicklung, denke ich: So kompliziert kann doch die Welt nicht sein!

Aber: Muss sich die Welt – nach uns richten? Und akzeptieren wir nicht in der organischen Welt, etwa im Tierreich, selbstverständlich eine solche Komplexität? Giraffe, Igel, Aal und Adler – die sichtbare Welt ist eine Wunderkammer. Sollten die geistigen Welten ärmer sein?

Pointe des Seins. – Vielleicht könnte man zwei Grundaufgaben menschlicher Entwicklung so umschreiben: zum einen, die äußere Realität in ihrem tieferen Wesen wahrnehmen zu lernen; zum anderen, auch in der *eigenen* Realität dieses tiefere Wesen aus der Latenz ins Bewusstsein zu überführen. Kurz gesagt, *entdecken* und *wecken.*

Das Erstaunliche: Die Welt scheint so konstruiert zu sein, dass das eine nicht ohne das andere geht.

Diesen Zusammenhang haben begabte Menschen schon seit den frühesten Zeiten gesehen und in vielen Formen ausgesprochen. Erst Steiner aber, denke ich, hat ihn in seiner vollen Bedeutung erkannt.

Beispiellos. – Wer außer Steiner hat eigentlich in letzter Zeit, etwa in den vergangenen fünfhundert Jahren, so etwas behauptet: dass er neben der üblichen Form der Welterkenntnis noch „eine *andere* Erkenntnisart" kenne? Nebst Anleitung, wie jeder diese selbst entwickeln könne.

Nicht frei Haus. – Anthroposophie hat zwei recht unterschiedliche Seiten. Zum einen spricht sie von einer Erkenntnis*methode*, zum anderen breitet sie *Ergebnisse* aus. Der Unterschied ist so groß wie der zwischen dem Bau eines Fernrohres und der Schilderung dessen, was man damit sehen kann.

Das erste, die Methode, der Weg, ist zugleich ein Weg zur Selbstveränderung des Menschen. Denn – das ist zentral in Steiners Lehre – mit seinen bisherigen Mitteln, Sinneserkenntnis und kombinierendem Verstand, kann der Mensch nicht in die Tiefen der Wirklichkeit vordringen. Er braucht neue Organe der Erkenntnis. Diese aber können allein aus einer inneren Entwicklung des Menschen hervorgehen, die dessen ganzes Dasein transformiert. Steiner ist in diesem Punkt so radikal wie es je ein spiritueller Lehrer war: Erst wenn der Mensch sich selbst in einer durchgreifenden Weise umformt und läutert, wird er reif für eine andere Art von Erkenntnis. Erst dadurch, so Steiner, „kann sich der Mensch selbst zum Instrument machen für die Erforschung der übersinnlichen Welt". Streng genommen öffnet sich erst dann der Zugang zum Zweiten, zu dem, was mit diesem Instrument erkennbar wird.

In der Praxis erscheinen die Dinge natürlich weniger getrennt und begegnet auch dem Steiner-Leser beides zugleich: seine Aussagen über die notwendigen inneren Prozesse und seine „Mitteilungen" über die geistige Welt, die im Zuge dieser Prozesse zugänglich wird. Er sagt sogar: Schon das Studium dieser Mitteilungen kann eine entwicklungsfördernde, gleichsam organbildende Kraft haben. Allerdings nur, wenn es als intensive innere Auseinandersetzung betrieben wird, nicht dagegen, wenn man die Dinge, wie er gerne sagt, nur „wie eine Sonntagnachmittagspredigt" hinnimmt. Das wäre bloß eine Art spiritueller Konsum.

Keiner von uns. – Er hat nicht den Stallgeruch der Epoche. Sie kann in ihm weder ihren eingefleischten Materialismus wiedererkennen noch dessen Spiegelbild, einen leichtfüßigen Anti-Materialismus, eine preisgünstige Spiritualität.

Diese Fremdheit, dieses Nicht-Teilhaben erklärt wohl auch, dass die üblichen Verarbeitungsmechanismen der Epoche nicht ohne Weiteres Steiners Anschauungen tragen und transportieren. Diese müssen sich auf andere Weise durchsetzen.

Steiner-Lektüre im psychologischen Zeitalter. – Eines der größten Hindernisse für einen heutigen Zugang zu Steiners Werk liegt darin, dass viele Passagen darin den psychologisch getränkten Mentalitäten unserer Zeit angreifbar und altbacken erscheinen können. Für diese Mentalitäten zentral ist der Versuch, ein positives Verhältnis zur *körperlich-sinnlichen* Dimension des Lebens zu finden. Sie wenden sich damit gegen ältere Denkweisen, in denen das „Diesseits" abgewertet wurde und welt- und lustfeindliche Haltungen dominierten.

Bei Steiner nun scheint genau dies wiederzukehren. Er spricht von *Selbstzucht*, *Tugend* und der Bereitschaft zum *Opfer* – für heutige Ohren allesamt Signalworte einer überwundenen Welt. Er scheint auch gar nicht zu sehen, welche Vorbehalte dies auslösen kann. Während er sonst alle möglichen Einwände zu entkräften versucht, geht er auf *diese* Problematik kaum ein.

Die Erklärung liegt wohl darin, dass Steiner noch im *vor*psychologischen Zeitalter spricht. Zwar hat er Freuds Psychoanalyse durchaus registriert, er hat aber vorwiegend deren Menschenbild thematisiert, nicht hingegen den mächtigen Zug zu einer Rehabilitierung der sinnlichen Lebenswelt, der hier angelegt war. Dieser Zug war auch bei Freud noch verdeckt, er kam erst danach voll zum Tragen und ist bis heute zeitgeistprägend.

Eine Pointe dabei: Eigentlich wäre diese heutige mentale Ausrichtung *mit* Steiners Optik gut interpretierbar. Denn – anders als ein oberflächliches Lesen glauben mag, dem sein Fokus aufs „Geistige" auffällt – die sinnliche Welt gewinnt bei Steiner eine zentrale Bedeutung. Die Weltentwicklung, so darf man ihn verstehen, kann sich gar nicht *ohne* diese Ebene verwirklichen. Und das Geistige ist gerade nicht, wie es in früheren spirituellen Lehren scheinen konnte, eine andere, bessere Abteilung der Wirklichkeit, sondern es spricht sich *in* der sinnlichen Welt aus. Solche Gedanken könnten geradezu erhellen, warum sich unsere Epoche – mit Recht – jeder Weltfeindlichkeit verweigert und allergisch auf jede falsche, weltüberspringende Geistigkeit reagiert.

All dies ließe sich aus Steiners Werk gewinnen. Allerdings nur, wenn deutlich wird, dass hinter Worten, die heute missverständlich wirken können, Inhalte stehen, die die tiefsten Motive der Epoche aufgreifen.

Mit Schlüssel. – Müsste ich mein vorläufiges Bild von Steiner auf die kürzeste Formel bringen, würde ich sagen: Ein eigentümlicher Mann – aber er trägt einen Schlüssel in der Hand.

In der Begegnung mit Steiner. – Man kann sich ein wenig fühlen wie die spätmittelalterlichen Autoren mit dem Aristoteles. Es ist die Empfindung, etwas Fremdartiges, dem eigenen Denken klar Überlegenes vor sich zu haben, das in ein überzeugendes Verhältnis zu den herrschenden Anschauungen der Zeit zu bringen ist. Dieses Herrschende war damals ein gefühlsgetragenes Christentum, heute ist es eine auf einer bestimmten Ebene festgefahrene Rationalität. Man könnte auch sagen: Die Konstellation hat sich umgekehrt, Aristoteles kommt diesmal sozusagen von der anderen Seite. – Die Herausforderung ist nicht geringer.

Unerkannt. – Hat man einmal die Kraft und Größe von Steiners geistigem Ansatz empfunden und sieht man zugleich, wie gleichgültig und überheblich unsere Epoche daran vorbeigeht, könnte man versucht sein, ziemlich laut auf das Leise hinzuweisen.

Manche werden sagen: Steiner braucht keine Reklame, Steiner spricht durch sich selbst. Aber wie könnte man nicht schreien wollen, wenn man sieht, wie sehr diese Epoche solcher Erkenntnis bedürfte und wie grausam sie leiden wird, wenn sie Entscheidendes so spät erfasst?

Er sagt sogar selbst einmal: „Man möchte das, was darinnen liegt, hinausschreien in alle Welt."[3] Aber er hat nicht geschrien. Er hat nur immer weiter höchst anspruchsvolle Vorträge gehalten.

Wir aber schreien. Er wird seine Gründe gehabt haben. Wir haben unsere.

Kein Trugbild. – Eine etwas verborgene Aussage oder, wenn man so will, *Zu*sage der Anthroposophie lautet: Die Sehnsucht nach einer verständlichen, dem Menschen heimatlichen Welt – diese tiefe, fast schon verdrängte, vielfach belächelte Sehnsucht, die tatsächlich viele fragwürdige Blüten treibt, kann sich auf *berechtigten* Wegen erfüllen. Ja sie *wird* sich früher oder später aus der Logik der Entwicklung heraus auf eine voll bewusste und begründete Weise erfüllen.

Keime. – Ein Satz mit großer Tragweite: „Wie der Pflanzenkeim in der gegenwärtigen Pflanze die künftige vorbildet, so entwickelt sich, verborgen im menschlichen Innern, ein geistig-seelischer Keim, der sich durch seine eigene Wesenheit für die geistige Wahrnehmung als die Anlage des künftigen Erdenlebens erweist."[4]

Sollte die Analogie, von der Steiner hier spricht, zutreffen, würde sich das ganze Menschenleben in einem anderen Licht als gewöhnlich darstellen. Unter anderem hieße es: Der

Mensch hat im Alter nicht das Wesentliche *hinter sich*, sondern sein Leben ist bis zur letzten Stunde bedeutsam und zukunftsträchtig. Eigentlich bekäme auch das Wort „letzte Stunde" eine andere, begrenztere Bedeutung.

Was heute paradox klingt. – Ein aus einer tieferen Welterkenntnis hervorgehendes Selbstverständnis könnte sich in dem Satz aussprechen: Ich bin Realist, ich rechne mit unsichtbaren Wirklichkeiten.

Hindurch – und hinaus. – Oft scheint es, als bedeute die Anthroposophie eine Abkehr von der Mentalität unserer Epoche. Das ist nur halb richtig. Zunächst einmal bedeutet sie die entschiedenste *Annahme* dessen, was diese Epoche verlangt: eines kritischen, eigenständigen Menschenbewusstseins, das sich nicht mehr auf Traditionen oder Offenbarungen stützt, so sehr man diese in anderer Hinsicht schätzen mag.

Sie behauptet allerdings: Wenn diese kühle Aufgabe wirklich bis in ihre letzte, einsamste Konsequenz ernst genommen wird, werden die menschlichen Erkenntniskräfte tiefere Schichten erreichen als das heute dominierende lineare Denken. Was sie erreichen, liegt tatsächlich jenseits der heute üblichen Weltwahrnehmung und spricht zugleich deren innerstes Wesen aus. Steiner nennt es die *geistige Welt*.

Anders gesagt: In der radikalen Realisierung der Neuzeit liegt ihre Überschreitung.

Demut heute. – Ein Zeichen für die ernste Größe der Anthroposophie kann man auch darin erblicken, dass nicht wenige Menschen in diesen hochmütigen Zeiten ihr *dienen* wollen; also nicht nur eine Erkenntniseitelkeit in ihr ausleben (obwohl es das natürlich auch gibt) oder nicht nur eine letztlich austauschbare Lebenszuflucht in ihr suchen (dies auch), sondern sich frei und intelligent in etwas Größeres einordnen, dessen Weltbedeutung sie zu erkennen glauben.

2.
Seelengeschichten
Wie Lebensläufe lesbar werden

Menschenkenntnis ist mehr als ein Luxus. Sie ist von größter Lebensbedeutung. Freundschaften, Liebesbeziehungen, Glück und Unglück hängen davon ab, dass wir nicht nur quasi die Außenseite voneinander sehen, sondern spüren, welche inneren Antriebe, Sehnsüchte und Reaktionsmuster im Spiel sind. Diese tieferen Schichten gibt es selbstverständlich in jedem Menschen, aber man kann ihre Bedeutung stellvertretend auch an einzelnen Persönlichkeiten studieren.

In einem Vortrag 1909 in Berlin hat sich Rudolf Steiner einmal zwei bekannte Exemplare vorgenommen, die scheinbar kaum gegensätzlicher sein konnten: *Tolstoj und Carnegie*, so der lapidare Titel.[1] Beide lebten zu diesem Zeitpunkt noch, Leo Tolstoj war achtzig, Andrew Carnegie Mitte siebzig.

Zum einen also der berühmte russische Schriftsteller, der aus einer wohlhabenden Grafenfamilie stammte, sich aber mit den Jahren immer schärfer von seiner sozialen Klasse absetzte. Am Ende strebte er fast rabiat nach einem einfachen Leben und nach religiöser Vertiefung. Keine zwei Jahre nach dem Vortrag ist Tolstoj, einsam und wie auf der Flucht vor der Gesellschaft, in einer entlegenen Bahnstation gestorben. Zum anderen der nicht minder berühmte „Stahlkönig“, dessen Leben gewissermaßen in der Gegenrichtung verlief. Es begann in Schottland in bitterer Armut und vollzog sich auch nach der Auswanderung der Familie in die USA noch unter härtesten Bedingungen. Als Zwölf- oder Dreizehnjähriger verdiente der Junge in einer Baumwollfabrik seinen ersten Dollar, ein unvergessliches Erlebnis. Am Ende war er einer der reichsten Männer seiner Zeit, bis heute kennt man seinen Namen durch die von ihm gestiftete *Carnegie Hall*, das legendäre Konzerthaus.

Tolstoj, könnte man denken, ist für einen spirituell orientierten Autor wie Steiner die perfekte Figur. Tatsächlich kann Steiner zeigen, wie in dem Oberschichtkind schon früh vieles rumorte, das aus den üblichen Mustern herausdrängte. Unter anderem kostete den Jungen ein Sprung aus dem Fenster fast das Leben; er hatte geglaubt, in einer bestimmten Körperhaltung fliegen zu können. Selbst als Erwachsener – Steiner: „sonderbar, diese Seele" – steht Tolstoj gleichsam neben seinem Werk und seinem Ruhm, so als habe er anderes, Größeres im Blick; als spüre er in sich einen weit übers Literarische hinausgehenden Auftrag. Alles natürlich unverständlich für diejenigen, die, so Steiner, „nicht dasjenige in der Seele beachten, was sich aus deren Mittelpunkt, durch alle äußeren Hindernisse hindurch hervorringt als das eigentlich Individuelle der Seele".

Gewiss nahm das, was in dieser Seele rang, einen teilweise seltsamen, sektiererischen Ausdruck an, so als wäre es durch die schiere Übermacht der Verhältnisse auf Nebengleise abgedrängt worden. Entscheidend bleibt aber, den Grundimpuls zu sehen, der hinter alldem wirkte und arbeitete, jenes „eigentlich Individuelle". Mit seinem stürmischen spirituellen Verlangen habe Tolstoj, so Steiner, etwas kulturell Weitreichendes, Epochales im Blick gehabt, „eine Umformung alles gegenwärtigen Lebens". Sieht man diesen Pol in Tolstojs Seele *nicht*, bleiben seine Lebensmanöver rätselhaft, erscheinen fast verrückt. Sieht man ihn, werden sie als der etwas verrückte Ausdruck eines bedeutenden Anliegens verständlich. Gerade Tolstojs Gebrochenheit – dass er einfach nicht nur ein berühmter Autor sein konnte – zeigt dann seine Größe.

Thomas Mann hat Jahre später, in einem feinfühligen Essay zur Jahrhundertfeier von Tolstojs Geburt, diese Dinge auf seine Weise beleuchtet. Er sah selbstverständlich die „heilige Tragikomik" dieses Lebens, gerade Tolstojs „titanische Hilflosigkeit" verleihe seinem Werk die ungeheure Wucht. Vor allem aber sah Thomas Mann, welche fundamentale Einsicht hier ans Licht drängte:

> „Tolstoj begriff, dass eine Epoche angebrochen sei, der mit nur lebenssteigernder Kunst nicht wahrhaft genug geschehe, sondern in welcher der leitende, entscheidende und erhellende, sozial sich bindende und dienende Geist dem objektiven Genie ... voranstehen müsse."[2]

Erst vor diesem Hintergrund werde verständlich, warum Tolstoj die „Lizenz des Genies" nie in Anspruch nahm, vielmehr „so gut er es irgend verstand, in vollkommener Bescheidenheit, dem Vernünftig-Göttlichen gedient" habe. Das war es, was dieses Leben in seinen Tiefen bestimmte und in all seinen Stärken und Schwächen verständlich macht. – Thomas Mann äußert sogar den weit aus seinem ironischen Kosmos hinausweisenden Gedanken, der Weltkrieg hätte nicht ausbrechen können, hätte Tolstoj noch gelebt.

Und was rang in dem Pragmatiker und Geldmann Carnegie? Zunächst einmal sieht Steiner hier einen hellwachen Kopf, der nicht wie Tolstoj die Gegenwart voller Ekel zurückweist, sondern mit allen Fasern in ihr lebt, ihre Potenziale „mit völliger Geistesgegenwart erfasst". So etwa, als ihm plötzlich aufgeht, dass er nicht nur durch eigene Arbeit Geld verdienen kann, sondern auch, durch einen ersten kleinen

Aktienkauf, aus Geld Geld machen kann. Überall sieht er die aufbrechenden Chancen und Optionen, insbesondere im hochschießenden Eisenbahnwesen. Er investiert in die erste Schlafwagen-Gesellschaft der Welt, dann in Stahlbrücken, die die alten Holzkonstruktionen ersetzen. Am Ende steht sagenhafter Reichtum – aber auch eine eigentümliche Nachdenklichkeit. Sie gipfelt in dem Satz: „Wer reich stirbt, stirbt entehrt." Carnegie meint damit die Verpflichtung, den Reichtum an andere tüchtige Menschen zu übergeben, die ihn zum Wohl der Menschheit einsetzen. Diese anderen sollten aus seiner Sicht in der Regel *nicht* die eigenen Kinder sein, denn – so Carnegies Beobachtung – Talent komme aus anderen Quellen und Hintergründen. Steiner resümiert:

> „Kein Glaube ist in diesem Mann daran, dass irgend etwas in der Vererbungslinie von den Voreltern auf die Nachkommen übergehen könne. Wenn er auch nur das äußere Leben kennt, so ist es ihm doch klar, dass im Inneren des Menschen die Kräfte sprossen müssen, die den Menschen tüchtig machen zur Auswirkung des Lebens."

Auf seinem ganz eigenen Weg, nicht durch philosophische Studien, sondern durch schlichte Lebenserfahrung kommt Carnegie zu Einsichten, die, wenn man sie zu Ende denkt, große menschliche und gesellschaftliche Implikationen haben.

Sicherlich hat Steiner mit seiner kurzen Doppel-Biografie auch einen Hintergedanken. Beide Lebensgeschichten, so unterschiedlich sie sind, lenken den Blick darauf, dass jenes „eigentlich Individuelle der Seele" eine gewisse *Eigenständigkeit* besitzt, dass die Eigenart eines Menschen nicht nur, wie heute meist angenommen, eine Resultante aus Vererbung plus Einflüssen der Umgebung ist, sondern dass da noch etwas Drittes im Spiel ist, ein tieferer Pol der Individualität. Tolstoj, der sich mit seinen inneren Impulsen praktisch gegen seine gesamte Umgebung stellt, durchlebt dies als inneres Drama. Einem Lebenspraktiker wie Carnegie offenbart sich die Bedeutung des Individuellen eher durch Weltbeobachtung, durch seine intensive Vertrautheit mit äußeren Wirklichkeiten. Beide Lebensgeschichten münden, auf völlig unterschiedlichen Wegen, im gleichen Ergebnis: Individuelle Besonderheit – sei es die Empfindung einer großen Mission, sei es unternehmerisches Talent – muss andere Wurzeln haben als familiäre Abstammung und erzieherische Einwirkung. Damit ist Steiner an einem Punkt, an dem er gleichsam kurz ein Fenster öffnen und auf eine weitere Möglichkeit hinweisen kann: dass unsere Individualität womöglich etwas in dieses Leben *mitbringt*; dass es Dispositionen gibt, die aus ganz anderen Kontexten in früheren Leben stammen. In jedem Menschen gebe es einen Mittelpunkt, so Steiner, „der verschieden ist von allem Äußeren, der unerschütterlich bleibt, trotz allem Wechsel des Bewusstseins und des Körpers. Etwas ist da, das vor der Geburt da war und nach der Geburt da sein wird, mein besonderes Ich".

Das geht jetzt ein bisschen schnell, wird man vielleicht sagen. Tatsächlich stellt Steiner den Reinkarnationsgedanken nur kurz in den Raum und erhofft an dieser Stelle nicht mehr als „dass man die Empfindung hat: einen solchen Ausspruch kann man tun". Worin sich leise der Gedanke ankündigen kann: dass sich in dieser Richtung ein vollständigeres Bild ergeben könnte als im bloßen Starren auf ein einzelnes Leben. Zu anderen Zeiten hat Steiner diese Thematik dann in ganzen Vortragszyklen vertieft.

Einer der Zuhörer des Tolstoj-und-Carnegie-Vortrags war übrigens der Dichter Christian Morgenstern. Es war für ihn der Anfang seiner Zuwendung zur Anthroposophie, die so weit ging, dass er zeitweise Steiner auf dessen Vortragsreisen folgte, bis eine schwere Krankheit dies unterband. Er ist in Dornach neben Steiner bestattet.

Und eine zweite Ergänzung. Als Steiner zehn Jahre später mit seinen politischen Ideen an die Öffentlichkeit tritt, wird er in einem wichtigen Punkt an Andrew Carnegies Forderung anknüpfen: Ja, wird er dann sagen, Kapital ist zentral für eine lebendige wirtschaftliche Aktivität, es muss aber aus der Vererbungslinie herausgenommen werden. Überraschende Konsequenz: Es ist, letztlich, keine wirtschaftliche, sondern eine *geistige* Frage, Kapital an die richtigen Stellen und in die fähigsten Hände zu lenken (darauf wird in Kapitel 10 zurückzukommen sein).

*

Die tieferen Motive eines Lebens freizulegen, so wie es Rudolf Steiner am Beispiel Tolstojs und Carnegies versuchte, ist nicht nur eine Zutat zur üblichen Biografie. Vielmehr macht es diese Biografie erst wirklich verständlich. Angenommen jemand schriebe eine Tolstoj-Biografie, die in allen Einzelheiten korrekt ist, alle Werke erfasst und alle Stationen seines Lebens nachzeichnet – wenn sie *diese* Motive nicht in den Blick bekommt, wäre sie oberflächlich und fast wertlos. Manche würden sie trotzdem „wissenschaftlich" nennen. Aber es zeigt nur die Degeneration dieses Begriffs, wenn er mehr mit der Genauigkeit in Randbereichen verknüpft wird als mit dem Erfassen zentraler Züge.

Entsprechend ist der Versuch, solche tieferen Züge zu verstehen, kein Ausweichen auf unsicheres Terrain, sondern im Gegenteil der Versuch, den eigentlichen Grund und Boden eines Lebens zu erreichen. Und was in den trivialen heutigen

Denkweisen gern als „spekulativ" oder gar „esoterisch" abgetan wird, ist – zumindest in Richtung und Intention – die völlig berechtigte, ja notwendige Bemühung um ein profundes, gehaltvolles, ja ein *realistisches* Bild.

Selbstverständlich ist dieser Versuch *schwierig*, weil eben sein Gegenstand, der Mensch, so überaus komplex ist. Das lehrt schon die Alltagserfahrung und das zeigt, wie in einem großen Panorama, die *Literatur*. Denn was ist es eigentlich, das hier in den besten Werken vor uns tritt? In ihnen wird das, was im äußeren, quasi offiziellen Leben weithin ausgeblendet bleibt, belichtet und beschrieben. Und das ist viel. James Joyce beschreibt in seinem *Ulysses* auf tausend Seiten, was *einem* Menschen an *einem* Tag widerfährt und durch den Kopf geht. Natürlich hat Joyce die Dinge in einem fiktiven Tag verdichtet (angeblich dem 16. Juni 1904), aber doch mit der unausgesprochenen Ansage: Das ist die Fülle und Simultaneität dessen, was *eigentlich* passiert. Ein anderes berühmtes Beispiel ist Marcel Proust, der aus *einer* Geschmacksnuance – beim Essen eines vertrauten Gebäcks, einer *Madelaine* – ein ganzes Reich an Erinnerungen heraufbeschwört.

Das ist nicht übertrieben. Es bedeutet nur, das ernst zu nehmen, was sonst meist übergangen wird.

Gleiches gilt für viele andere, auch schon ältere Beispiele, etwa die bedrückende und zugleich fantastische Kindheitswelt, die Karl Philipp Moritz in seinem *Anton Reiser* schildert, „ein seelisches Hochland für sich", wie Arno Schmidt bemerkte: „Erstaunlich ist die Gabe der Selbstbeobachtung als auch die Schärfe der ‚Aufnahmen' von inneren Ereignissen, die sich, dank ihrer dämmrigen Beleuchtung, im allgemeinen dem normalen Blick entziehen." Und gleiches gilt in höchstem Grad für Franz Kafka, der die seelischen Räume bis in die letzten Winkel ausschreitet. Entscheidend dabei sind nicht die einzelnen Funde – was interessieren uns die Neurosen eines Prager Versicherungsangestellten? –, entscheidend ist, dass einer die Kraft hat, überhaupt so weit in diese Räume vorzudringen und seine innere Konfiguration so radikal auszuleuchten.

Rudolf Steiner hat die Dinge einmal in der Formulierung zugespitzt, jeder Mensch sei in geistiger Beziehung „*eine Gattung für sich*". In körperlicher Hinsicht gebe es, trotz aller Unterschiede in Hautfarbe, einzelnen Merkmalen oder Geschlecht, „nur eine menschliche Gattung"; entscheidend sei hier in der Tat die Vererbung über die Generationen hinweg. In geistiger Hinsicht sei das anders:

> „Wäre der Mensch bloßes Gattungswesen, so könnte es keine Biografie geben. Ein Löwe, eine Taube nehmen das Interesse in Anspruch, insofern sie der Löwen-, der Taubenart angehören. Man hat das Einzelwesen in allem Wesentlichen verstanden, wenn man die Art beschrieben hat. Es kommt hier wenig darauf an, ob man es mit Vater, Sohn oder Enkel zu tun hat. Was bei ihnen interessiert, das haben eben Vater, Sohn und Enkel gemeinsam. Was der Mensch bedeutet, das aber fängt erst da an, wo er nicht bloß Art-, oder Gattungs-, sondern wo er Einzelwesen ist. Ich habe das Wesen des Herrn Schulze in Krähwinkel durchaus nicht begriffen, wenn ich seinen Sohn oder seinen Vater beschrieben habe. Ich muss seine eigene Biografie kennen."[3]

Schon damals übrigens fühlte sich Steiner genötigt auf den Einwand einzugehen, dass zum Beispiel Menagerie-Besitzer wüssten, wie stark sich auch Tiere derselben Gattung unterscheiden können; ähnlich werden heute manche Tierfreunde argumentieren. – Dennoch wird Erkenntnis ganz unmöglich, wenn über den Nuancen die Hauptlinie aus dem Blick gerät: dass es, wenn man die faszinierende Reihe an Daseinsformen durchgeht, von der mineralischen Ebene, Stein und Kristall, über die Pflanzenwelt bis zu den Tieren und zum Menschen – dass es in alldem einen Zuwachs an *Individualität* gibt, genauer gesagt: der *Möglichkeit* von Individualität; denn zweifellos bleibt viel menschliche Entfaltung in ihren Ansätzen stecken. Herr Schulze jedenfalls, mit seinen ganz eigenen inneren Dispositionen, seinen Lebensvorstößen und Lebensverwicklungen, verdient in Wahrheit nicht weniger Interesse als Herr Joyce, der seine Innen- und Außenwelten in aller Breite ausmalt.

An dieser Stelle wird zugleich deutlich, wie wenig bestimmte gängige Erklärungsmuster helfen, um die einzelnen Leben in ihrer Besonderheit zu erhellen. Was hätte beispielsweise ein materialistischer Ansatz mit seinem Fokus auf den von Menschen verfolgten „Interessen" zum Fall Tolstoj zu sagen? Nichts von Belang, die Bewegungen eines solchen Lebens sind in solchen Begriffen nicht zu fassen. Eigentlich hat Tolstoj ständig *gegen* seine Interessen agiert. Etwas weiter mag man mit psychologischen Modellen kommen, die ihn als Narzissten enttarnen. Tatsächlich gibt es eine gewisse Art von Demut und Heiligkeitsambition, die im Grunde eine raffiniertere Form von Eitelkeit ist. Aber träfe man das Grundmotiv eines solchen Lebens, wenn man es in solche Rubriken einsortierte? Würde da nicht mehr verdeckt als entdeckt?

Anthroposophie, könnte man sagen, versucht eine tiefere Zuwendung zum Menschen. Sie möchte das, was mit jedem einzelnen Menschen in die Welt tritt, sensibler und interessierter verstehen als dies heute meist geschieht. Im Grunde ergänzt sie die übliche Blickrichtung durch eine zweite, die genau entgegengesetzt ist. Unsere Epoche liebt den Reduktionismus: Wenn man den einzelnen Fall auf eine bekannte Kategorie zurückführen kann, meint man ihn verstanden zu haben. Ein solcher Ansatz kann auch in gewissen Bereichen aufschlussreich sein; in mancher Beziehung sind Menschen eben doch nicht so originell. In anderer Beziehung aber doch, nämlich in ihrer keimhaften, meist noch unausgeschöpften Individualität. Das ist die anthroposophische Blickrichtung. Sie interessiert sich für das, was sich, oft nur in Umrissen, hinter dem nicht immer eindrucksvollen Erscheinungsbild eines Lebens abzeichnet: als dessen innerste Gestalt, als dessen tiefster Ursprung und höchste Möglichkeit. Vielleicht ist es nicht übertrieben zu sagen: Jeder Mensch, selbst der unscheinbarste, spürt in sich eine Einzigartigkeit und persönliche Bedeutung und leitet daraus – mit Recht – seine Würde und Weltbedeutung ab. Nur dass diese ebenso zarte wie zentrale Dimension in den groben Wirklichkeiten mit ihren trostlosen Reduktionismen ins Unsichtbare gedrückt wird. Um so wichtiger, sie im Bewusstsein zu halten. Rudolf Steiner schrieb einmal in einem Brief an einen Waldorf-Lehrer:

> „An dem andern Menschen werden Sie Augenblicke erleben, schnell dahingehende: da wird er Ihnen erscheinen wie erfüllt, wie durchleuchtet von dem Urbild seines Geistes. Und dann können, ja werden andere Augenblicke, lange andere Zeiten kommen, da verdüstern sich die Menschen. Sie aber sollen lernen, in solchen Zeiten zu sagen: ‚Der Geist macht mich stark. Ich denke an das Urbild; ich sah es doch einmal. Kein Trug, kein Schein raubt es mir.' Ringen Sie immer um dieses Bild, das Sie sahen. Dieses Ringen ist Treue. Und so nach Treue strebend, wird Mensch dem Menschen wie mit Engel-Hüter-Kräften nahe sein."[4]

3.
Wer war Rudolf Steiner?
Annäherungen an eine Biografie

Rudolf Steiner war ein Kind des alten Habsburger-Reiches, jenes weitläufigen Vielvölkerstaates, der sich von der Hauptstadt Wien aus nach Osten über Ungarn bis nach Galizien erstreckte, im Süden bis an die Adria reichte und der im Norden Böhmen und Mähren einschloss.

Geboren wurde er 1861 in dem kleinen Ort Donji Kraljevec im heutigen Kroatien. Sein Vater war Bahnangestellter, Telegrafist der *Südbahn*, und diese Welt der Bahnstationen, der Drähte und Weichen, der damals modernsten Technik, hat den Jungen von klein auf fasziniert. Schon bald wurde der Vater Leiter kleiner Bahnstationen unweit von Wien, in Pottschach und Neudörfl, dort verbrachte Rudolf Steiner seine ganze Kindheit und Jugend. Nach ihm wurden noch eine Schwester, Leopoldine, und ein Bruder, Gustav, geboren; Gustav war taubstumm. Die Mutter, so erinnert sich Steiner später, habe sich liebevoll und, „da Glücksgüter nicht vorhanden waren", gewiss auch mühevoll um die kleine Familie gekümmert. Steiner selbst versuchte bis kurz vor seinem Tod noch die Versorgung seiner beiden Geschwister sicherzustellen. Den Vater schildert er als gutmütigen, manchmal auch aufbrausenden Mann, der gerne mit Freunden politisierte; ein Katholik, der nie zur Kirche ging. Dass die beiden ersten Kinder Namen aus der kaiserlich-österreichischen Tradition bekamen, wird kein Zufall gewesen sein. Rudolf hieß im

Übrigen auch der wenige Jahre vor Steiner geborene Sohn von Kaiser Franz Joseph und Kaiserin Elisabeth („Sisi"), der sich 1889 im sogenannten Drama von Mayerling gemeinsam mit seiner Geliebten das Leben nahm.

Eine besondere Konstellation ergab sich daraus, dass Johann Steiner in Neudörfl im *ungarischen* Teil der k. u. k. Monarchie stationiert war, sein Sohn aber im *österreichischen* Reichsteil zur Schule ging: „von meinem elften bis achtzehnten Jahre hatte ich jeden Tag zweimal über die Grenze zu gehen, welche die Leitha zwischen Österreich und Ungarn bildet." Der Vater, „in seiner einfachen Art zu denken", wie der Sohn notiert, habe die Ungarn nicht gemocht; er war wohl auch in seiner beruflichen Stellung durch die scharfe Magyarisierungspolitik aus Budapest gefährdet. Überhaupt müssen die komplexen politisch-kulturellen Verhältnisse Österreich-Ungarns einem sensiblen Kopf reichen Stoff gegeben haben. Gewiss führt von hier aus einer der Wege zu Steiners späteren hoch nuancierten Betrachtungen über die Differenzen und Individualitäten von Völkern und Kulturen. Was die eigene Abstammung betrifft, hielt er fest: „Man ist wirklich innerhalb des österreichischen Territoriums in ganz anderer Weise ein Deutscher, als man etwa ein Deutscher ist im Gebiete des sogenannten Deutschen Reiches, oder als man gar ein Deutscher ist im Gebiete der Schweiz."[1]

Diese besondere Perspektive konnte unterschiedliche Ausprägungen annehmen. Bei manchen, auch bei Steiner, war es die, der eigenen deutsch-österreichischen Umgebung durchaus distanziert gegenüberzustehen und mit größtem Interesse hinüberzuschauen zu dem, was sich anderswo im deutschen Kulturraum entwickelte. Überaus scharf äußerte sich Steiner etwa gegen den klerikalen Katholizismus, den die Habsburger im Zuge der Gegenreformation durchgesetzt hatten und der eine „furchtbare Finsternis" ausgebreitet habe, „ein furchtbar äußerliches Verhältnis zu allem Religiösen". Entsprechend hoch schätzte er demgegenüber, „was Blüte war des mitteleuropäischen Geisteslebens", die aufklärerischen und humanen Impulse eines Lessing und Goethe.

Selbst noch in seinen späten Vorträgen haben Rudolf Steiners Bemerkungen über das alte Österreich gerne einen ironischen, fast komödiantischen Ton. Wie er die Bevölkerung beschreibt, die in einer „Art Pflanzendasein" gelebt und das Fortwursteln zum Prinzip erhoben habe, hat gelegentlich Thomas-Bernhard-Qualitäten; überall aber, bis in die letzten Winkel des Reiches, habe man eine gute Tasse Kaffee bekommen.

*

Versucht man die *innere* Entwicklung des jungen Rudolf Steiner nachzuvollziehen, sieht man ein Kind, das vergleichsweise unauffällig die Schulzeit durchläuft, mit anfangs durchschnittlichen, später sehr guten Noten und zugleich mit einer eigentümlichen, fast rührenden Hingabe an bestimmte Themen: „Ich weiß, dass ich an der Geometrie das Glück zuerst kennen gelernt habe", schreibt er in dem Rückblick *Mein Lebensgang*, den er mit 62 begann und nicht mehr abschließen konnte. Die Mathematik wird für ihn immer das Ideal eines rein Geistigen sein, einer Erkenntnis, die nicht durch äußere Beobachtung gewonnen wird, sondern durch ein klares Durchdringen bestimmter Beziehungen, die etwa in einem Dreieck gelten, unabhängig von den konkreten Dreiecken, die es in der Welt gibt und geben kann.

Unerwähnt bleibt im *Lebensgang* eine Szene, die Steiner an anderer Stelle schildert. Als knapp Achtjähriger habe er, im Wartesaal des Bahnhofs sitzend, auf einmal eine ihm unbekannte, aber vertraut erscheinende Frau gesehen, die ihn beschworen habe, „soviel du kannst, für mich zu tun!", die dann noch „unter Gebärden, die nicht mehr aus der Seele verschwinden können, wenn man sie gesehen hat", eine Weile anwesend blieb und verschwand.

> „Ich machte einige Andeutungen in Gegenwart meines Vaters und meiner Mutter. Sie sagten nur ‚Du bist a dummer Bua'. In einigen Tagen sah ich, wie mein Vater nachdenklich wurde durch einen erhaltenen Brief, wie er dann, ohne mein Beisein, nach einigen Tagen mit meiner Mutter sprach und diese dann tagelang weinte."[2]

Ihre entfernt lebende Schwester hatte sich das Leben genommen. – Möglicherweise hat Steiner diese Episode ausgeklammert und nur einmal anderen Ortes erwähnt, weil ihm alles Spektakelhafte, wie es gerade zu seiner Zeit die Spiritisten pflegten, „abgeschmackt" erschien.

Dennoch wird man beim Blick auf den jungen Steiner diese andere Erfahrungswelt stets mitdenken müssen, wie eine zweite mitlaufende Linie, die sich bis in ungewohnte Regionen erstreckte. Die geistige Individualität der ihm vertrauten Menschen habe sich ihm selbst noch nach deren Tod auf ihrem Weg „in die geistige Welt hinein" gezeigt. Dass er damit allenfalls auf betretene Reaktionen stieß, bekennt er noch Jahrzehnte später:

> „Einem meiner früheren Lehrer, der mir auch nach meiner Realschulzeit freundschaftlich nahe blieb, schrieb ich einmal nach dem Tode eines Mitschülers über diese Seite meines Seelenlebens. Er schrieb mir ungewöhnlich lieb zurück, würdigte aber, was ich über den verstorbenen Mitschüler schrieb, keines Wortes."

Einzig eine Begegnung, schon als Student in Wien, fällt hier aus dem Rahmen. Inzwischen war die ganze Familie nach Inzersdorf am Rande Wiens gezogen, damit ihr Ältester mit dem Zug die Vorlesungen erreichen konnte. Auf einer dieser Fahrten nun kommt der junge Steiner mit einem ungewöhnlichen Mann ins Gespräch, einem „einfachen Mann aus dem Volke", der auf dem Lande Heilkräuter sammelte und einmal pro Woche nach Wien fuhr, um sie dort an Apotheken zu verkaufen. In dieser Begegnung nun das fast schon Unerwartete:

> „Mit ihm konnte man über die geistige Welt sprechen wie mit jemand, der Erfahrung darin hatte. Er war eine innerlich fromme Persönlichkeit. In allem Schulmäßigen war er ungebildet. Er hatte zwar viele mystische Bücher gelesen; aber, was er sprach, war ganz unbeeinflusst von dieser Lektüre. Es war der Ausfluss eines Seelenlebens, das eine ganz elementarische, schöpferische Weisheit in sich trug."

In der Gegenwart dieses Mannes habe man „tiefe Blicke in die Geheimnisse der Natur" tun können. – Freilich musste eine solche Erscheinung in der Metropole wie aus der Zeit gefallen wirken:

> „Ich habe manchen Menschen lächeln gesehen, der zuweilen als Dritter sich angeschlossen hatte, wenn ich mit diesem ‚Eingeweihten' durch die Wiener Alleegasse ging. Das war kein Wunder. Denn dessen Ausdrucksweise war nicht von vorneherein verständlich. Man musste gewissermaßen erst seinen ‚geistigen Dialekt' lernen. Auch mir war er anfangs nicht verständlich."[3]

Steiner besuchte den Mann auch in dessen Dorf, in dem er ein kerniges, humorvolles Glied der Gemeinschaft war. Dieser Kräutersammler, dessen Nachnamen Steiner nicht nennt, wurde in den 1950er-Jahren als ein gewisser Felix Koguzki aus dem Ort Trumau identifiziert. Selbstverständlich ranken sich um ihn mancherlei Deutungen, was seine spirituelle Rolle für Steiner betrifft. Der nannte ihn in späteren Notizen einmal den „Agenten d. M.“, ohne über M., den Meister, viel mehr zu sagen, als dass er in seinem äußeren Beruf ebenso „unansehnlich“ wirkte wie der natur- und geistkundige Mann aus dem Dorf. Sicher erscheint: Der Austausch mit Koguzki muss für Steiner eine der seltenen Erfahrungen einer ungetrübten geistigen Kommunikation gewesen sein, in der sein eigenes Erleben nicht mühsam verdolmetscht werden musste, sondern eine unmittelbare, noch verstärkende Resonanz erfuhr. Dergleichen blieb, auch noch in den folgenden Jahren, die Ausnahme. Stets sei er gerne in die „Denk- und Gefühlsrichtung“ der unterschiedlichsten Persönlichkeiten eingetreten, notierte er im Rückblick. Aber: „In meiner geistigen Welt konnte ich keine Besuche erleben.“ Wahrscheinlich muss man sich Steiner, selbst noch als er von Anhängern umgeben war, als recht einsamen Mann vorstellen.

*

Rudolf Steiners Bildungsweg war, soziologisch gesehen, der eines Aufsteigers aus dem ländlich-kleinbürgerlichen Milieu. Dieser Weg führte nicht über das traditionelle altsprachliche Gymnasium, sondern über die weniger angesehene, aber in gewisser Hinsicht modernere Oberrealschule; hier standen die Naturwissenschaften im Vordergrund. Die nahtlose Fortsetzung war ein Studium an der Technischen Hochschule in Wien, für das er aufgrund seiner Leistungen und seiner Bedürftigkeit ein Stipendium bekam. Die Eltern sahen ihren Erstgeborenen bereits auf dem Weg zum Eisenbahn-Ingenieur. Er selbst wollte zu dieser Zeit Realschul-Lehrer werden.

Allerdings war er dann doch ein Student, der gleichsam aus dem Gleis sprang. Schon als Jugendlicher hatte sich Steiner durch Kants *Kritik der reinen Vernunft* gekämpft. Diese Interessen nahm er jetzt, parallel zum Studium, mit größter Intensität wieder auf. Ein Durchbruchserlebnis schildert der Brief des knapp Zwanzigjährigen an einen Freund:

> „Es war die Nacht vom 10. auf den 11. Januar, in der ich keinen Augenblick schlief. Ich hatte mich bis ½ 1 Uhr mitternachts mit einzelnen philosophischen Problemen beschäftigt, und da warf ich mich endlich auf mein Lager; mein Bestreben war von jeher, zu erforschen, ob es denn wahr wäre, was Schelling sagt: ‚Uns allen wohnt ein geheimes, wunderbares Vermögen bei, uns aus dem Wechsel der Zeit in unser innerstes, von allem, was von außen hinzukam, entkleidetes Selbst zurückzuziehen und da unter der Form der Unwandelbarkeit das Ewige in uns anzuschauen.' Ich glaubte und glaube nun noch, jenes innerste Vermögen ganz klar an mir entdeckt zu haben – geahnt habe ich es ja schon längst; die ganze idealistische Philosophie steht nun in einer wesentlich modifizierten Gestalt vor mir; was ist eine schlaflose Nacht gegen solch einen Fund!"[4]

In Wien verkehrt Steiner zu dieser Zeit in einem diskutierenden Kreis ernster Jünglinge, unter denen er wohl der ernsteste war, von den anderen „Prior" genannt. Charakteristisch eine Episode, die er selbst im *Lebensgang* schildert. Einer der Freunde habe den fast täglichen Spaziergängen immer entschiedener die Richtung nach einem bestimmten Gässchen gegeben: „Ich war in unsere Debatten so vertieft, dass mir erst allmählich ein Licht darüber aufging, wie er zu diesem Hang gekommen war. Am Fenster eines Hauses dieses Gässchens saß um die Zeit unserer Spaziergänge ein anmutiges junges Mädchen."

In diese Zeit fällt auch eine für Steiner lebensentscheidende Begegnung. An der Technischen Hochschule hört er Vorlesungen bei einem ganz und gar technikfernen Gelehrten, dem Literaturwissenschaftler Karl Julius Schröer. Schröers ganze intellektuelle Zuneigung gehörte Goethe, dessen Dramen er für die monumentale Edition der *Deutschen National-Litteratur* herausgab. Schon bald durfte der Student den Professor in dessen kleiner Bibliothek besuchen.

> „Ich erwarmte geistig, wenn ich bei ihm war. Ich durfte stundenlang an seiner Seite sitzen. ... Ich hatte wirklich immer, wenn ich so allein mit Schröer saß, das Gefühl, dass noch ein Dritter anwesend war: Goethes Geist. ... Ich hörte geistig mit der allergrößten Sympathie alles, was von Schröer kam. Dennoch konnte ich nicht anders, als auch ihm gegenüber, das, wonach ich geistig intim strebte, in der eigenen Seele ganz unabhängig aufbauen."

Hier klingt an, dass der junge Kopf außer literarisch-philologischen Fragen noch ganz andere Horizonte im Blick hatte. Das muss auch Schröer gespürt haben, und es führt zu einem ungewöhnlichen Schritt. An Joseph Kürschner, den Gesamtherausgeber der *National-Litteratur*, der einen Bearbeiter von Goethes naturwissenschaftlichen Schriften sucht, schreibt er:

> „Ein Student in höhern Semestern, der Physik, Mathematik und Philosophie betreibt, bei mir auch seit Jahren Vorlesungen hört, befasst sich eingehend mit Goethes naturwissenschaftlichen Schriften. ... Aus Gesprächen aber ersehe ich, dass er den Stoff beherrscht ... Er heißt Steiner."[5]

Tatsächlich katapultierte dies den 21-Jährigen, ohne jeden akademischen Grad, in die erste Reihe der literaturwissenschaftlichen Zunft.

Wobei es, hinter dieser erstaunlichen Wendung, noch eine andere Ebene gab. Denn Goethe, in dem alle nur den Autor des *Werther* und *Faust* sahen, wurde mit dieser anderen, naturwissenschaftlichen Seite kaum ernstgenommen. Dabei hatte er als Naturforscher ein bemerkenswertes Projekt. Während die Hauptrichtung der damaligen Forschung in die unbelebte Welt ging – Mechanik und Elektrizität – wollte Goethe die Gesetze der *lebendigen* Welt erforschen. Er war überzeugt, dass man dafür regelrecht umdenken muss, weil alles Lebendige eben nicht nur irgendwie aus Unbelebtem zusammengesetzt ist, sondern eigenen Gesetzen folgt. Deren innere Logik zu verstehen, war der Sinn von Goethes Nachdenken über die „Metamorphose" und seiner lebenslangen Suche nach der „Urpflanze", einer in alle realen Pflanzen wandelbaren Grundform. Dafür wird er bis heute an den Universitäten belächelt. Steiner dagegen sah hier einen Forschungsansatz, der weiterzuführen und zu vertiefen war. Goethe habe die starren Begriffe in Bewegung gebracht, er sei „der Kopernikus und Kepler der organischen Welt", schreibt Steiner schon damals. Und sagt Jahrzehnte später in einem Vortrag:

> „Ein gewisser Schritt nach vorwärts ist im Grunde genommen nur gemacht worden, als Goethe die alten Begriffe flüssig machte, als er dadurch etwas ganz Neues brachte, das heute noch immer nicht gewürdigt ist, dass er auf den Begriff selber die Metamorphose, die Verwandlungsfähigkeit anwendete, so dass für ihn der Begriff des Blattes in seiner Verwandlung zugleich der Begriff der Blüte, der Frucht und so weiter werden konnte."[6]

In Steiners Verständnis wäre es eigentlich *Schröers* Aufgabe gewesen, dieses Motiv in Goethes Denken herauszuarbeiten und dessen fundamentale Bedeutung für unsere Epoche sichtbar zu machen. Er selber, Steiner, habe für sich andere Erkenntnisaufgaben gesehen, insbesondere die Klärung karmischer Zusammenhänge, die von Erdenleben zu Erdenleben führen. Aber Schröer, obwohl Professor an einer *Technischen* Hochschule, sei davor zurückgeschreckt, diese verkannte naturwissenschaftliche Seite Goethes energisch zu thematisieren, er habe sich dem nicht gewachsen gefühlt. Jahrzehnte später sagte Steiner zu einem seiner Schüler, Walter Johannes Stein: „Ich entschloss mich damals, Schröers Schicksal als mein eigenes zu leben unter Verzicht auf das Ausleben meines eigenen Schicksalsweges."

Die Anthroposophie war in Steiners Augen eine Weiterentwicklung dessen, was Goethe in einem großen Ahnen und Tasten angebahnt hatte, und er hat das 1917 auch genau so ausgesprochen: Er wolle diese Weltanschauung „nach den Quellen, aus denen sie für mich selber stammt" am liebsten *Goetheanismus* nennen, und „den Bau in Dornach draußen, der dieser Weltanschauung gewidmet ist, am liebsten Goetheanum". So wurde er ja auch genannt.

*

Das Leben des jungen, schlecht bezahlten Goethe-Herausgebers verlief indes über Jahre in äußerst schwierigen Bahnen. Er verdingte sich als Hauslehrer in der Familie des Baumwoll-Importeurs Ladislaus Specht und dessen Frau Pauline. In besonderer Weise widmete er sich einem der vier Söhne, der durch eine schwere Entwicklungsverzögerung als „Sorgenkind" galt.

„Ich musste den Zugang zu einer Seele finden, die sich zunächst wie in einem schlafähnlichen Zustande befand und die allmählich dazu zu bringen war, die Herrschaft über die Körperäußerungen zu gewinnen. Man hatte gewissermaßen die Seele erst in den Körper einzuschalten. Ich war von dem Glauben durchdrungen, dass der Knabe zwar verborgene, aber sogar große geistige Fähigkeiten habe … Diese Erziehungsaufgabe wurde für mich eine reiche Quelle des Lernens."[7]

So Steiner im Rückblick, zu einer Zeit, als die Stuttgarter Waldorfschule bereits gegründet war. Pauline Specht hatte ihm schon kurz nach dem Ende seiner Hauslehrer-Tätigkeit geschrieben:

„Sie haben durch Ihr Können und Wollen mir ein geliebtes Kind zu geistigem Leben erweckt, und wenn er nun einem ihn und mich befriedigenden Beruf entgegengeht, sogar schon heute selbständig entgegengeht, so ist dies Ihr Werk und ich danke Ihnen von ganzem Herzen dafür."

Der Junge machte Abitur und wurde Arzt, er starb im Ersten Weltkrieg. – Mit der Familie, die zum jüdischen Bürgertum Wiens gehörte, stand Steiner ein Leben lang in Austausch.

Steiners Publikationstätigkeit beginnt sich in diesen Jahren auszuweiten. Kürschner, der Goethe-Herausgeber, bezieht ihn in weitere Projekte ein, unter anderem als Autor für mehrere Lexika. Hinzu kommt 1888 eine politische Kolumne und eine Redaktionsarbeit für die in Wien und Berlin erscheinende *Deutsche Wochenschrift*. Die wöchentlich zu liefernden Kommentare zwingen ihn, sich in die ebenso lebhaften wie verwirrenden Nationalitätenkonflikte Österreich-Ungarns einzuarbeiten. „Ich war im Grunde ganz unvorbereitet in diese

Redaktionstätigkeit hineingekommen", erinnert er sich später. „So war denn das Zustandekommen jeder Wochennummer für mich ein schweres Ringen." In Summe gerät er in eine zeitliche „Hetzerei sondergleichen" und kann viele Abgabetermine bei Kürschner nicht einhalten. Als die *Wochenschrift* bald darauf eingestellt wird, ist er erleichtert.

Allerdings bahnt sich zu dieser Zeit schon eine zweite Schiene der Goethe-Arbeit an: für die Weimarer *Sophien*-Ausgabe. Diese war, im Unterschied zur patriotisch-repräsentativen *National-Litteratur*, historisch-kritisch angelegt. Das erforderte eine Arbeit in den Archiven, mithin den Umzug nach Weimar.

1890 kommt Steiner aus der Metropole Wien in das kleine Weimar und ist jetzt, als Mitarbeiter am Goethe- und Schiller-Archiv, Herausgeber der morphologischen Schriften Goethes. Aber die Dinge entwickeln sich nicht wie erhofft. Die kleinteilige Archiv-Arbeit ist für den philosophischen Kopf, der ganz andere Linien im Auge hat, eine Qual. Zudem überlädt er sich mit weiteren Aufgaben wie einer Edition der Werke Schopenhauers und Jean Pauls. Und im Hintergrund ist da nach wie vor Kürschner, der die Geduld verliert:

> „*Zwei Jahre* sind es in der nächsten Zeit, dass ich auf meine *wiederholten* Mahnungen das erste Telegramm von Ihnen erhielt ‚*Manuskript folgt bestimmt Sonnabend*'. Es sind seither 87 Wochen vergangen und mindestens 4 ganz gleich lautende Telegramme auf meine Mahnungen an mich gekommen… Lassen Sie es jetzt genug sein des grausamen Spiels und setzen sie mich, bitte, endlich in den Besitz des Schlussbandes…"

Die Weimarer Jahre bringen für Steiner zahlreiche Anregungen und neue Eindrücke, nicht zuletzt davon, „welche ekelerregende Atmosphäre ein kleiner Fürstenhof um sich verbreitet", insgesamt sind sie eine Enttäuschung. Der Schriftstellerin und Frauenrechtlerin Rosa Mayreder, einer engen Freundin aus Wiener Tagen, klagt er, „dass hier niemand meine Sprache versteht". Und auch beruflich geht es nicht voran. Naheliegenderweise denkt Steiner zu dieser Zeit an eine Universitätslaufbahn. Er wolle „an die Verwirklichung des Dozentenplanes schreiten", schreibt er im Herbst 1890 an die Spechts. Und ein halbes Jahr später: „Gut scheint es mit den auf Jena gesetzten Hoffnungen zu stehen." Allerdings war die Voraussetzung dafür ein Doktorat, das ihm in Österreich ohne Latinum unmöglich war. Anders war dies an einigen deutschen Universitäten. Tatsächlich gelingt ihm die Promotion 1891 an der Universität Rostock mit einer kurzen, ambitionierten philosophischen Dissertation: *Die Grundfrage der Erkenntnistheorie mit besonderer Rücksicht auf Fichtes Wissenschaftslehre.* Mit ihrer scharfen Kritik an Kant und dessen Lehre von unübersteigbaren Grenzen des Erkennens wich diese Arbeit weit vom damaligen philosophischen Hauptstrom ab. Das galt nicht weniger für Steiners 1894 publizierte *Philosophie der Freiheit*, die er bis zuletzt für sein bedeutendstes Werk hielt. Darin versuchte er in einer reinen, aus dem gewöhnlichen Bewusstsein heraus entwickelten Gedankenprosa den Weg zu einer „Erkenntnis des Geistgebietes" zu zeigen. Aber die Resonanz blieb mäßig bis kritisch. Zwar sah er weiterhin Chancen in der akademischen Welt, neben Jena hatte er auch Wien im Blick: „Ich habe seit Jahren die sichersten Anhaltspunkte, dass ich eine Berufung bekomme", schrieb er noch Ende 1896 an die Eltern. Aber es zerschlug sich alles.

*

Immerhin tat sich bald darauf eine andere berufliche Option auf, die Redaktion einer renommierten Literaturzeitschrift, des in Berlin erscheinenden *Magazins für Litteratur*. Im Juni 1897 ging Steiner in die deutsche Hauptstadt – so wie seine Gefährtin aus der letzten Weimarer Zeit, Anna Eunike. Diese war in Weimar zunächst schlicht seine Vermieterin gewesen, sie war verwitwet und hatte mehrere Kinder. Bald wurde das Verhältnis enger. Die entsprechende Passage im *Lebensgang* ist so kurz, dass sie vollständig zitiert werden kann:

> „Mein äußeres Privatleben wurde mir dadurch zu einem äußerst befriedigenden gemacht, dass die Familie Eunike nach Berlin gezogen ist, und ich bei ihr unter bester Pflege wohnen konnte, nachdem ich kurze Zeit das ganze Elend des Wohnens in einer eigenen Wohnung durchgemacht hatte. Die Freundschaft zu Frau Eunike wurde bald darauf in eine bürgerliche Ehe umgewandelt.“[8]

Einer von Steiners Weimarer Freunden, der Maler Joseph Rolletschek, dem wir ein Ölporträt des jungen Steiner verdanken, deutete die Heirat als eine Art Verzweiflungstat, um Ordnung in sein Leben zu bringen. Soweit man es etwa aus den Briefen ablesen kann, die Steiner, wenn er auf Reisen war, an die „vielgeliebte Anna“ schrieb, hatte das Verhältnis eine herzliche und auch von seiner Seite fürsorgliche Note; und tatsächlich muss sie immer wieder zu Hause seine Unterlagen nach unauffindbaren Manuskripten durchwühlen oder komplizierte postalische Aufträge abwickeln.

Durch die *Magazin*-Arbeit steht Steiner nun mitten im kulturellen Betrieb und taucht innerhalb kürzester Zeit in die Berliner Bohème ein. Schon bald sitzt er mit am „Verbrechertisch“, einer trinkfesten Künstlerrunde, und ist führendes Mitglied im freidenkerischen *Giordano-Bruno-Bund*. Insbesondere entsteht eine enge Verbindung zu John Henry Mackay, dem Biografen des anarchistischen Philosophen Max Stirner. Steiner selbst nennt sich zu dieser Zeit einen „individuellen Anarchisten", was beim bürgerlichen Publikum nicht gut ankommt. Viele *Magazin*-Abonnenten bestellen ab. „Und ich hatte auch bei der Herausgabe des ‚Magazin' eben durchaus das Talent, die Leute vor den Kopf zu stoßen", resümiert er zwanzig Jahre später.

In die Berliner Zeit fallen weitere Aktivitäten unterschiedlichster Art. Zum 500. Gutenberg-Jubiläum hält Steiner die Festrede vor siebentausend Setzern und Druckern. Aber er spricht auch beim Verband der Tapezierer, der etwas über Gerhart Hauptmann hören möchte. Lebensgeschichtlich am bedeutendsten ist, seit 1899, seine Lehrtätigkeit an der Berliner *Arbeiterbildungsschule*. In dieser von Wilhelm Liebknecht gegründeten, stramm sozialistischen Einrichtung gibt Steiner „Rede-Übungen" und geschichtliche Kurse. Offenbar ist er ein äußerst beliebter Dozent. Steiner „kann" mit den Arbeitern und wird, als eine Filiale in Spandau eröffnet wird, auch dort engagiert. In diesem Milieu kreuzt sich auch sein Weg mit dem von Rosa Luxemburg und Kurt Eisner. Seine materielle Lebensgrundlage indes bleibt dürftig. Manchmal reicht es nicht einmal für die „Elektrische", die Straßenbahn, und er muss lange Wege zu Fuß gehen.

Recht gut überliefert ist Steiners Auftreten in einem weiteren Künstlerzirkel, der sich *Die Kommenden* nennt und dessen Abende Steiner seit 1900 leitet. Hier verkehren Erich Mühsam, Käthe Kollwitz, Else Lasker-Schüler und zeitweise auch der blutjunge Stefan Zweig, der diese illustre Gesellschaft in seiner *Welt von Gestern* verewigt hat. Unter anderem findet sich dort ein zauberhaftes Porträt des fast vergessenen Poeten Peter Hille, der, von allen geliebt, „arglos in diese sonderbare Kinderschar" geblickt habe. Dann kommt Zweig auf Steiner zu sprechen. Dessen „asketisch-hageres, von geistiger Leidenschaft gezeichnetes Antlitz" habe nicht nur auf Frauen überzeugend wirken können. Wenn er über Goethe sprach, habe dieser „faustischer, paracelsischer" gewirkt.

> „Es war aufregend ihm zuzuhören, denn seine Bildung war stupend und vor allem gegenüber der unseren, die sich allein auf Literatur beschränkte, großartig vielseitig. … An seinem fantastischen und zugleich profunden Wissen erkannte ich, dass die wahre Universalität, derer wir uns in gymnasiastischer Überhebung schon bemächtigt zu haben meinten, nicht durch flüchtiges Lesen und Diskutieren, sondern nur in jahrelanger brennender Bemühung erarbeitet werden kann."[9]

Zweig flicht in sein Porträt die bemerkenswerte Notiz ein, er hätte diesem Manne damals keineswegs „eine derartige philosophische und ethische Massenwirkung" prophezeit. „Ich habe von seinem sucherischen Geiste Großes erwartet in der Wissenschaft, und es hätte mich keineswegs verwundert, von einer großen biologischen Entdeckung zu hören, die seinem intuitiven Geiste gelungen wäre."

Jahre später, in Dornach, sei er dann enttäuscht gewesen, dass Steiners Wirkung so sehr ins „Breit-Reale" ging. Gleichwohl nobel bis zuletzt: „Ich maße mir kein Urteil über die Anthroposophie an, denn mir ist bis heute nicht deutlich klar, was sie will und bedeutet." – Wer eine klarere Vorstellung von Steiners Bedeutung hat, könnte auf den Gedanken kommen, dass Zweig mit seiner Ahnung einer großen Entdeckung eigentlich etwas Richtiges getroffen hat; nur hat es sich auf eine Weise verwirklicht, die tiefer als eine einzelwissenschaftliche, etwa biologische Entdeckung liegt. Es ist eine Entdeckung, die gleichsam selbst sehr schwer zu entdecken ist.

*

Schaut man auf das Ganze von Steiners Weimarer und Berliner Jahren, ergibt sich der Eindruck eines Lebens, das sich in ganz unterschiedliche Richtungen bewegte, stets am Rande der Überforderung, und das scheinbar seine Linie verloren hatte. In der Weimarer Zeit schlug dies bis ins Körperliche durch. „Ich bin seit einer Reihe von Tagen wieder vollständig aphonisch und muss elektrisiert werden", schreibt er 1891 an Pauline Specht. Der Mann, der nach der Jahrhundertwende eine beispiellose Vortragstätigkeit entfalten wird – „der größte mündliche Philosoph des Jahrhunderts" (Peter Sloterdijk) –, leidet unter einer Lähmung der Stimmbänder. Die anschließenden Berliner Jahre nennt er selbst später eine „Höllenfahrt".

Mit einer feineren Optik bleibt die Grundlinie dieses Lebens dennoch klar erkennbar. Was in dem nächtlichen Schelling-Erlebnis kometenhaft aufleuchtete, findet eine stimmige Fortsetzung in Steiners philosophischen Schriften. Selbst in seiner Tages-Publizistik tritt diese Linie immer wieder hervor, nur nicht in Formen, die den Beifall seiner Zeit finden können.

Ein markantes Beispiel ist ein Artikel, den Steiner 1892 in der von Maximilian Harden herausgegebenen *Zukunft* veröffentlicht – ein scharfer Angriff auf die kurz zuvor gegründete *Gesellschaft für ethische Kultur*. Deren von amerikanischen Vorbildern inspirierte Grundidee: Wenn sich die Menschheit in ihren so unterschiedlichen kulturellen und religiösen Traditionen kaum verständigen könne, sei es umso notwendiger, eine ethisch-praktische Plattform zu finden, auf der sich alle treffen können, jenseits aller weltanschaulichen Differenzen. Ein Projekt mithin, bei dem die meisten Menschen – bis heute – sagen werden: Was kann man dagegen haben? Selbst noch die *Weltethos*-Initiative von Hans Küng ein Jahrhundert später ging in diese Richtung.

Für Steiner dagegen stand hier alles auf dem Spiel. In seinen Augen kam ein solcher Ansatz einer intellektuellen Kapitulation gleich, wurden Fragen der Welterkenntnis hier doch wie ein lästiger Ballast abgeworfen, um „ein ganz banales ‚Allgemeines'" zu formulieren. Demgegenüber bestand Steiner darauf, dass auch das Ethische letztlich in *Erkenntnis* gründen müsse, in der „Einsicht in das Weltgetriebe" und die Rolle, die jeder Mensch mit seinen unverwechselbaren Eigenschaften darin einnimmt. Gewiss könne man sich über ein paar „Zweckmäßigkeitsregeln für den gegenseitigen Verkehr" einigen, die eigentlich ethischen Motive aber könnten „nur aus dem Mittelpunkte der Persönlichkeit stammen". In einer Passage zeigt sich Steiner dann in seltener Schärfe. In Wahrheit wollten solche Initiativen mit ihren lauen Toleranz-Vorstellungen nur „ein allgemeines Heim für alles Unbedeutende und Flache" schaffen. „Sie sollen dabei nur nicht auf die rechnen, die Aufgaben in der Welt haben."

Steiners Vorstoß wurde – fast möchte man sagen: wie immer – auf ganzer Linie missverstanden, so als bringe hier einer gegen ein doch lobenswertes Projekt einen wilden Individualismus in Stellung. Ferdinand Tönnies, der berühmte Soziologe, nannte Steiner einen „Nietzsche-Narren". – Weil diesem die Sache „unbegrenzt wichtig" war, reiste er eigens zu dem von ihm hochgeschätzten Kulturhistoriker Herman Grimm, einem Sohn Wilhelm Grimms, von dem er sich Unterstützung erhoffte. Der empfing ihn aufs Freundlichste, hörte dann „etwas teilnahmslos" zu und empfahl, doch einmal mit den Vertretern jener Gesellschaft Kontakt aufzunehmen, die „ganz liebenswürdige Menschen“ seien. „Ich war wie von kaltem Wasser übergossen.“

Offenkundig war den meisten schleierhaft, worum es Steiner eigentlich ging: nämlich den Abgrund zu überwinden, der sich in der Neuzeit aufgetan hatte zwischen Erkenntnis und Ethik, zwischen einem vermeintlich kalten Kosmos und den menschlichen Lebensimpulsen; anders gesagt: zu zeigen, wie sich der Mensch mit seiner ureigenen Lebensrichtung in kohärenter Weise als Glied des Ganzen verstehen kann. Kurz darauf formulierte er in seiner *Philosophie der Freiheit*: „Was man *das Gute* nennt, ist nicht das, was der Mensch *soll*, sondern das, was er *will*, wenn er die volle wahre Menschennatur zur Entfaltung bringt.“[10]

Positiver kann man den Menschen schwerlich sehen. – Aber es half nichts. Steiner war, könnte man sagen, in dieser Phase für seine Zeitgenossen kaum lesbar, weder in seinen inneren Anliegen noch in seinen äußeren Aktivitäten, die in durchaus disparate Richtungen gingen. Die Gründe dafür mochten, tiefer betrachtet, darin liegen, dass sich so umfassende weltanschauliche Impulse nur schwer in die gängigen sozialen und beruflichen Formen einfädeln konnten. Hier webte und wirkte gleichsam etwas kulturell nicht Vorgesehenes. So betrachtet ist es kein Zufall, dass eine Gestalt wie Steiner trotz großer Fähigkeiten gesellschaftlich gewissermaßen *undeutlich* blieb.

„Die Aufgaben in der Welt haben“: Man wird es als Selbstbeschreibung verstehen dürfen. Noch aber waren diese Aufgaben für Außenstehende kaum erkennbar.

*

Als Rudolf Steiner im Herbst 1900 erstmals einen Vortrag in der *Theosophischen Bibliothek* in der Berliner Friedrichstraße hielt, hätte man dies für eine bloße weitere Verzweigung seiner Vortragstätigkeiten halten können. Eingeladen hatten Gräfin und Graf Brockdorff, führende Gestalten der theosophischen Szene. Man wollte etwas über den wenige Wochen zuvor gestorbenen Friedrich Nietzsche hören. (Steiner hatte 1895 ein Buch über Nietzsche veröffentlicht und hatte den bereits umnachteten Philosophen in Weimar selbst noch gesehen, wo er von seiner Schwester ausgewählten Besuchern wie eine Sehenswürdigkeit vorgezeigt wurde.) In einem zweiten Vortrag gab Steiner eine Auslegung von Goethes *Märchen*, das er als eine große übersinnliche Schau interpretierte. Und schon im Winter folgte ein ganzer Vortragszyklus zur Mystik, der bald darauf in Buchform erschien.

Das war nun eine überraschende Wendung. Noch drei Jahre vorher hatte Steiner den Theosophen attestiert, „nichts als Redenarten" zu bieten, „nichts als Heuchelei", und hatte schon damals (was später noch bedeutsam wurde) deren Wissenschaftsfeindlichkeit moniert: „Welche Tiefe, welche Innerlichkeit in der angeblich dem oberflächlichen Verstande, dem äußerlichen Begriffe angehörigen Wissenschaft des Abendlandes steckt, davon haben die Theosophen keine Ahnung." Jetzt tauchte er innerhalb von Monaten voll ins theosophische Milieu ein. Entscheidend – so schildert er es rückblickend im *Lebensgang* – war trotz aller Vorbehalte das Erlebnis, hier „in Worten, die aus der Geistwelt heraus geprägt waren, sprechen zu können, nachdem ich bisher in meiner Berliner Zeit durch die Verhältnisse gezwungen war, das Geistige nur durch meine Darstellungen durchleuchten zu lassen".[11]

Im Januar 1902 trat Steiner der Theosophischen Gesellschaft bei, bald darauf hielt einer ihrer Veteranen, Wilhelm

Hübbe-Schleiden, fest: „Ich halte Steiner für eine sehr wertvolle Akquisition für uns", mit dem weitsichtigen Zusatz: „Aber er müsste freie Hand haben zu wirken." Schon im Oktober wurde Steiner zum Generalsekretär der deutschen Sektion der Theosophen gewählt, mit Marie von Sivers als Geschäftsführerin, einer Deutsch-Baltin, die unter anderem in Paris Schauspiel studiert hatte.

Wie sehr sich die Dinge überschlugen, zeigt eine kuriose Überlappung mit einer ganz anders gerichteten beruflichen Initiative: Noch im Juni 1902 hatte sich Steiner als Feuilletonredakteur bei der Wiener Wochenzeitung *Die Zeit* beworben. Er hatte sich auf Anraten seines Freundes Moritz Zitter Anzug, Handschuhe und „steifen Hut" gekauft – „Es hat die Taschen völlig geleert" –, hatte sogar versichert, sehr wohl einer „bureauartigen Arbeit" geneigt zu sein, aber die Sache kam nicht zustande.

Tatsächlich war Steiner ein Theosoph ganz eigener Prägung. Der diffuse, kulturenübergreifende Synkretismus der Theosophen war ungefähr das Gegenteil dessen, was sich wie ein Leitmotiv durch Steiners Denken zieht: dass es in Erkenntnisfragen nicht um ein vermeintlich menschenfreundliches Verwischen von Unterschieden gehen kann, sondern allein darum, diese zu *klären* und gerade dadurch im Sinne des Ganzen fruchtbar zu machen. Steiner war stets ein Denker des Konkreten. Noch massiver war seine Abneigung gegen gewisse spiritistische Seitenströmungen der Theosophie. Dergleichen Versuche, einen handgreiflichen Nachweis geistiger Phänomene herbeizuführen, hat er immer wieder subtil analysiert und als „Karikatur der naturwissenschaftlichen Methode" entlarvt. Aufschlussreich sind auch seine damaligen Interpretationen der Werke der Gründerin der *Theosophical Society*, Helena Blavatsky (1831–1891). Wenn etwa Blavatsky von der Sinnenwelt als „Scheinwelt" sprach, also im Stil traditioneller Spiritualität die sichtbare, diesseitige Welt herabstufte, ist man gespannt, ob Steiner dem folgen wird. Er widerspricht nicht explizit, kommt aber alsbald auf die Gefahr zu sprechen, sich „ein unrichtiges Gefühl" für den Satz anzueignen, „dass die ‚äußere' Welt eine bloße Scheinwelt ist". Gewiss solle man den Geist suchen, aber auch begreifen, dass die Erscheinungen *dieser*, der sichtbaren Welt „Organe des Geistes" sind. „Wir sollen die Welt nicht verachten, sondern lieben; … sollen täglich, stündlich lernen, wie sie ein Ausdruck des Geistes ist." Diese Auslegung war eigentlich eine Widerlegung oder jedenfalls eine ganz neue Justierung.

Mit einigem Recht konnte Steiner später sagen, er habe auch in seiner theosophischen Phase immer nur das gelehrt, was seinen eigenen Einsichten entsprach. So hatte er es im Übrigen auch in der *Arbeiterbildungsschule* gehalten. „Ich lancierte Geist, versuchte es, es gelang auch bis zu einem gewissen Grade, aber mich lancierte man nach und nach heraus." Schließlich sorgten die völlig materialistisch-positivistisch geprägten Arbeiterführer dafür, dass dieser wenig linientreue Dozent 1905 abserviert wurde.

Dennoch hat sich Steiners Leben, äußerlich gesehen, in diesen Jahren konsolidiert. Als Freund Zitter ihn im September 1903 besucht, trifft er ihn mit Frau „samt Fräulein von Sivers" bei vegetarischem Mahl an. Zitter kommentiert die Entwicklung der Dinge ironisch. „Er ist natürlich *immer Myste* gewesen. Wir haben das nur nicht gesehen." Jetzt habe der Freund „wenigstens etwas Boden unter den Füßen. … Und darum verzeihe ich ihm auch die – Theosophie."

Schwieriger wird indes das Verhältnis zu seiner Frau. Inzwischen ist Steiner immer wieder auf großen Reisen, unter anderem nach London zu den Treffen der *Theosophical Society*, Marie von Sivers häufig in seiner Begleitung. Bald gibt es Gerüchte. Sie sehe allerlei, „was gar nicht vorhanden ist“, schreibt Steiner an seine Frau. Und im Februar 1904, offenbar auf Vorhaltungen ihrerseits antwortend: „Das Streben nach Glück bei mir voraussetzen, ist ein Missverständnis. Ich will wirken und arbeiten, was ich kann. Und sonst will ich nichts.“ Wenig später muss die Trennung erfolgt sein. Anna Steiner starb 1911. Sie soll trotz allem die Zeit mit ihm als schönste ihres Lebens bezeichnet haben. 1914 heirateten Steiner und Marie von Sivers.

Wie ein Sturzbach, als hätte sich etwas lange Gestautes Bahn gebrochen, wirken Steiners Aktivitäten in den folgenden Jahren. Er beginnt seine in schier unfassbarer Frequenz getaktete Vortragstätigkeit, parallel schreibt er Aufsatz-Serien für das von ihm gegründete Theosophen-Blatt *Lucifer-Gnosis*, teilweise daraus hervorgehend erscheinen seine bis heute meistgelesenen Bücher: 1904 die *Theosophie* als kurze, transparente Einführung, kurz darauf das eher den persönlichen Weg ansprechende *Wie erlangt man Erkenntnisse der höheren Welten?*, 1910 die umfangreiche *Geheimwissenschaft im Umriss*, die das gesamte Gelände von der Kosmologie bis zur Meditationspraxis abschreitet. Marie von Sivers agiert wie eine Managerin in der Theosophen-Gemeinde, die von einigen hundert auf einige tausend Mitglieder wächst.

Zugleich blieben die Spannungen mit der Leitung der internationalen *Theosophical Society*. Dass dieser „german speaker“ andere Akzente setzte, dass er insbesondere jede gefühlige Spiritualität ablehnte und, bei aller Kritik, die Weltbedeutung der modernen Wissenschaft betonte, das blieb den führenden Köpfen in London nicht verborgen. Zum Bruch kam es indes durch eine andere Differenz. Während sich die Zentrale zunehmend an *indischen* Traditionen ausrichtete, arbeitete Steiner – völlig konträr – immer schärfer heraus, was er für das zentrale Ereignis der Menschheitsentwicklung hielt: das „Mysterium von Golgatha". Mit Jesus von Nazareth, so sein Verständnis, war nicht etwa nur ein herausragender Mensch in die Geschichte eingetreten, vielmehr eine „Welt-Wesenheit", die als Christus eine neue kosmisch-menschliche Stufe einleitete, auch wenn das noch längst nicht voll verstanden sei. Auch wenn Steiner die östliche Geisteswelt überaus schätzte und etwa mit größter Bewunderung von Buddha sprach, hatte das Christus-Ereignis in seiner Wahrnehmung einen anderen ontologischen Status. Als die Theosophen-Spitze nun 1910 einen fünfzehnjährigen Hinduknaben, Jiddu Krishnamurti, zum künftigen Weltenlehrer ausrief, wurde es schwierig. (Der Junge war immerhin so helle, die ihm zugedachte Rolle später zurückzuweisen.) Eine Zeitlang blieb der Konflikt noch unter der Oberfläche. Ende 1912 aber, als sich der Ausschluss der deutschen Sektion abzeichnete, trieb Steiner die Gründung einer eigenständigen *Anthroposophischen* Gesellschaft voran; der offizielle Ausschluss folgte im März 1913. Die überwältigende Mehrheit der deutschen Theosophen ging Steiners Weg mit.

Was die gut zehn theosophischen Jahre für Rudolf Steiner und die Anthroposophie bedeuteten, ist von ihm selbst und von anderen in vielen Variationen thematisiert worden. Noch im *Lebensgang* verwahrte sich Steiner gegen die Unterstellung, die Theosophische Gesellschaft nur „als Sprungbrett benutzt" zu haben, um alsbald eigene Wege zu gehen. Er habe dort eben trotz aller Fehler „reales Geistesleben" vorgefunden, an das sich anknüpfen ließ. Andererseits war Steiner bewusst, dass ihn das theosophische Milieu mit seinen esoterischen Eitelkeiten und Intrigen in eine schwierige Gesellschaft brachte. Es konnte, wie er in einem Vortrag 1918 einräumte, nicht ohne Folgen bleiben, dass seine Sache „konfundiert wurde" mit der theosophischen:

> „In äußerer Beziehung mag es ein Fehler gewesen sein; karmisch ist es gerechtfertigt. Gescheiter wäre es gewesen, wenn diese Anthroposophische Gesellschaft sich, ganz auf sich selbst stehend, ohne irgendeine Beziehung zu anderen Gesellschaften begründet hätte. Gewiss, äußerlich gefasst, wäre es gescheiter gewesen, denn das ganze philiströse Bourgeoistum der Theosophischen Gesellschaft, das antiquierte Zeug, all das wäre nicht eingeflossen. In die Anthroposophie ist es ja nicht eingeflossen, aber vielfach in den gesellschaftlichen Betrieb."[12]

*

Nach dem Bruch mit der *Theosophical Society* schien sich zunächst *München* als anthroposophisches Zentrum zu etablieren. Dort waren bereits seit 1910 in den Kammerspielen, später im Volkstheater von Steiner verfasste *Mysteriendramen* aufgeführt worden. Hier wurde gemeinsam mit Marie von Sivers eine neue Bewegungskunst weiterentwickelt, die *Eurythmie*. Und hier war eigentlich, in München-Schwabing, der Bau einer an Wagnersche Dimensionen heranreichenden eigenen Spielstätte mit angrenzenden Wohnhäusern geplant. Nachdem dies am Widerstand der Behörden und einiger Anlieger gescheitert war, wurde das Vorhaben in Dornach in der Nähe von Basel verwirklicht; wohlhabende Schweizer Anthroposophen hatten das Grundstück zur Verfügung gestellt.

Auf dem Dornacher „Hügel" entstand seit 1913 ein ganzes Ensemble an Gebäuden, in der Mitte der von Steiner entworfene *Johannesbau*, später *Goetheanum* genannt: ein vorwiegend aus Holz errichteter Bau mit zwei ineinandergreifenden Kuppeln und etwa eintausend Sitzplätzen. Die künstlerische Gestaltung folgte bis in die Feinheiten, bis in die Materialbehandlung, besonderen Prinzipien, die der tiefen Bestimmung des Ortes gerecht werden sollten. Während des Ersten Weltkrieges, als aus dem nahen Elsass der Donner der Kanonen zu hören war, arbeiteten hier Hunderte Menschen aus siebzehn teilweise verfeindeten Staaten auf der Baustelle. Von 1920 an wurde das Gebäude für Veranstaltungen genutzt.

Schon seit dem Kriegsende hatte Steiner auch eine politische Initiative begonnen, die das Verhältnis von Politik, Wirtschaft und Kultur stimmiger gestalten wollte (siehe Kapitel 10 zur *Dreigliederung*). Überhaupt war er längst eine öffentliche Figur, mit allem, was dies bedeuten konnte an Interesse, Verehrung und auch Feindschaft. Selbst allem Esoterischen abgeneigte Zeitgenossen haben seine Vorträge besucht. Albert Einstein etwa schon 1911 in Prag; er äußerte sich anschließend wenig erbaut: „Bedenken Sie doch diesen Unsinn: übersinnliche Erfahrung. Wenn schon nicht Augen und Ohren, aber irgendeinen Sinn muss ich doch gebrauchen, um irgend etwas zu erfahren!" (Steiner hätte wohl sogar zugestimmt und nur ergänzt: Diesen Sinn gilt es eben erst zu entwickeln.) Und noch in Steiners letztem Lebensjahr erlebte ihn Kurt Tucholsky in Paris und schüttete anschließend in der *Weltbühne* Hohn und Spott über ihn aus. Allein dass Christian Morgenstern Steiner so schätzte, irritierte ihn:

> „Dieser feine, gütige, hohe und tiefe Geist liebte Rudolf Steiner. War das Weltfremdheit? Ist dennoch wirklich etwas hinter dem Gerede dieses unüberzeugten, unsereinen nicht überzeugenden, geschwollenen Predigers? Spricht das gegen Morgenstern? Für Steiner? Ich weiß es nicht."

Man wird, wenn man Augenzeugenberichte liest, letztlich *alles* finden, von der Skepsis eines Tucholsky bis zu völlig anderen Schilderungen. „Im Verlauf des Vortrages passierten vor mir zehn Steiner, einer aus dem anderen hervorgehend", hielt der russische Schriftsteller Andrej Belyj fest. „Im Antlitz die Maßlosigkeit eines rein menschlichen Leidens, eine Mischung aus Zartheit und verrückter Kühnheit." Selbst ein reservierter Beobachter wie der Philosoph Hermann Friedmann, ein Mitstreiter aus der Zeit im Giordano-Bruno-Bund, erinnerte sich, dass Steiner seine Umgebung „gleichsam mit allen Organen" aufgenommen habe. „Zur restlosen Erfassung des Phänomens seiner Redewirkung war man also meines Erachtens noch nicht befähigt, wenn man nur sein Reden hörte; man musste auch sein Schweigen- und Hörenkönnen im Bewusstsein tragen." Der Schriftsteller Max Hayek schließlich, der 1922 nach langem Warten endlich zu dem in einem Wiener Hotel umlagerten Mann vorgelassen wird, hört, als er ihm gegenübersteht, nur noch den inneren Imperativ: „Mach's kurz – denn dieser Mann ist müde über alle Worte …"

Eine eigene, wohl nicht mehr ganz zu klärende Episode war eine Begegnung zwischen Franz Kafka und Rudolf Steiner. Offenbar verfolgte Kafka das Phänomen Steiner seit Längerem aus der Distanz und besuchte, als Steiner im März 1911 nach Prag kam, mehrere von dessen Vorträgen. In seinem Tagebuch hält er allerhand Steiner-Gerüchte fest: „Beim Vortrag drängen sich die Toten so sehr an ihn. … Schläft zwei Stunden. … Er stand Christus sehr nahe".[13] Anschließend schildert er seinen Besuch bei Steiner, um den er (so wie zuvor sein Freund Max Brod) gebeten hatte – alles in der überwältigenden Kafka-Konkretion, bis hin zu den Flecken auf Steiners schwarzem „Kaiserrock". „Ich aber dringe mit meiner vorbereiteten Ansprache vor", fährt er dann fort.

Deren Inhalt ist Kafkas Lebensproblem: Einerseits sein unbedingter Zug zum Literarischen – „Und hier habe ich allerdings Zustände erlebt (nicht viele), die meiner Meinung nach den von Ihnen Herr Doktor beschriebenen hellseherischen Zuständen sehr nahestehen"; andererseits könne er „schon infolge des langsamen Entstehens meiner Arbeiten und ihres besonderen Charakters" davon niemals leben und sei daher Beamter geworden. Jedoch könnten diese beiden Berufe „einander niemals ertragen". Wenn jetzt als Drittes die Theosophie hinzukomme, fürchte er eine weitere innere Komplikation und bitte daher um Rat. – Niemand habe je ein „so systematisches Bekenntnis" von Kafka gehört oder gelesen, bemerkt dessen Biograf Reiner Stach.

Leider, eigenartigerweise, gibt Kafka kein Wort von Steiners Antwort wieder. Er schreibt nur noch, dass dieser „äußerst aufmerksam" zugehört habe, aber schwer mit einem Schnupfen kämpfte, dann bricht der Eintrag ab.

Offenbar aber war Steiners Antwort für Kafka nicht überzeugend. Indirekte Hinweise geben allenfalls spätere Notizen Max Brods. Dieser berichtet, Kafka habe sehr ironisch über die Begegnung gesprochen, und reimt sich die Dinge so zusammen: Kafka habe das Literarische, das sein ganzes Dasein beherrschte, doch als eine Art geistiges Hindernis empfunden, weil es eitel mache

> „oder eine vorzeitige Befriedigung schafft, daher die wahre Lösung, den Weg zu Gott, verhindert. … Steiner nun missverstand Kafka, so als ob Kafka gemeint hätte, dass er bei den religiösen Riten den Kult der Schönheit vermisse. … Kurz und gut, Steiner suchte Kafka zu beruhigen und erklärte ihm ausführlich, dass auch bei den Zusammenkünften und Riten der Anthroposophen die Be-

lange der Schönheit gut gewahrt werden. Eine so flache Antwort musste Kafka enttäuschen."

Tatsächlich wirkt Brods Deutung plausibel, wenn man sich einerseits Kafkas ins Tiefste gehendes Streben vergegenwärtigt („zu Gott") und andererseits seine nie ruhende Erdensorge um die literarische Arbeit, die ihn von tieferen Wegen ebenso abschnitt wie von manchen Lebenswegen, etwa dem in eine Ehe. Festzuhalten bleibt wohl, dass Kafka sich in seiner inneren Konstellation nicht von Steiner *erkannt* fühlte. Er ließ ihm noch einige seiner Texte zukommen – äußerst ungewöhnlich angesichts seiner sonstigen Zurückhaltung –, von einer Antwort ist nichts bekannt. Ahnt man die Größe beider Seelen, könnte man betroffen sein, dass sie einander so nahekamen und sich doch verfehlten.

*

Ein ganz eigenes Kapitel sind die ungeheuren Anfeindungen, denen Steiner besonders in seinen letzten Lebensjahren ausgesetzt war. In der aufgeheizten Atmosphäre der Weimarer Zeit wurde er fast pausenlos diffamiert, galt den einen als verkappter „Jesuit", anderen als „Jude". Und nicht ohne Wirkung, wie er 1922 in einem Vortrag konstatierte: „Wenn heute aus den Kreisen der Alldeutschen und Deutschvölkischen über Anthroposophie Verleumdungen ausgestreut werden, so hat man dafür ein Publikum, das unter allen Umständen alles glaubt." Schlägertrupps begannen, seine Vorträge zu stören.

Auch in der unmittelbaren Schweizer Umgebung wurde gegen die anthroposophische Gemeinschaft auf dem Dornacher Hügel Stimmung gemacht. Alles gipfelte in der Silvesternacht 1922/23 in einem Großfeuer. Das Goetheanum brannte, wohl durch Brandstiftung, vollständig nieder, der Fall wurde nie aufgeklärt. „Eine Tat, die durchaus widerwärtig ist", kommentierte Tucholsky, selbst in der Gegnerschaft anständig. Was man von dem berühmten Theologen Karl Barth nicht sagen konnte: „Von dem Brande des Goetheanums haben wir mit Genugtuung Kenntnis genommen." – Noch in seinem letzten Lebensjahr konzipierte Steiner einen Neubau – in radikal anderen Formen: in einer kühlen, fast kristallinen Beton-Ästhetik. Dieses „zweite" Goetheanum steht bis heute.

Auch die *innere* Entwicklung der Anthroposophischen Gesellschaft warf zu dieser Zeit Fragen auf. Sie war eine komplexere Vereinigung geworden als in ihren Anfangsjahren. Zum einen waren die älteren Mitglieder, meist theosophisch geprägtes Bürgertum, weiter aktiv und erwarteten einen gediegenen Vortragsbetrieb und eine reguläre Arbeit in den „Zweigen". Zugleich aber drängte eine neue Generation nach, von der Jugendbewegung beflügelt und tatendurstig, was die „Anwendung" der Anthroposophie auf den verschiedensten Feldern betraf, von der Pädagogik über Landwirtschaft und Medizin bis zu neuen Formen religiösen Lebens, die dann in der *Christengemeinschaft* Gestalt fanden. Vor allem aber stellte sich die Frage, inwieweit all die Aktivitäten von einem gemeinsamen, lebendigen Geist getragen waren. War nicht alles schon in die von Steiner gefürchtete „Vereinsmeierei" abgerutscht? Aus den Briefen, die er an seine Frau schrieb, wenn sie oder er auf Reisen waren, spricht schon fast Verzweiflung über die verbreitete „Katzbalgerei" und „Logentreiberei". Auch öffentlich wurde Steiner deutlich: „Was nützt es denn, wenn wir den Leuten immer wieder und wiederum sagen, wir seien keine Sekte, wenn wir uns so verhalten, wie wenn wir eine Sekte wären." In ihrer jetzigen Verfassung stoße die Anthroposophen-Gesellschaft jede selbstständige Seele ab.

„Soll ich denn einen Orden gründen?", brach es bei einem Treffen mit Freunden in den Niederlanden aus Steiner heraus. Tatsächlich erwog er offenbar im Herbst 1923, sich mit einer kleinen Schar von der Gesellschaft abzusetzen.

Schließlich entschloss er sich zum exakten Gegenteil. Er betrieb eine Neukonstitution der Gesellschaft, die bei der sogenannten *Weihnachtstagung* 1923 vollzogen wurde, und trat selbst an ihre Spitze, was ganz neu war; bis dahin war Steiner zwar der unbestrittene geistige Führer gewesen, hatte aber institutionell keine Position bekleidet, er war (anders als seinerzeit in der Theosophischen Gesellschaft) nicht einmal Mitglied. Jetzt wurde die Gesellschaft von einem kleinen Vorstand mit Steiner als Vorsitzendem geleitet und außerdem eine *Freie Hochschule für Geisteswissenschaft* ins Leben gerufen. Darunter war keine Hochschule im landläufigen Sinn zu verstehen, sondern ein gestufter esoterischer Schulungsbetrieb. Mit ihren drei „Klassen" sollte sie der Vertiefung von Erkenntnis und Lebenspraxis dienen. – Dass mit alldem dennoch keine Konsolidierung gelungen war, zeigte sich schon bald und zeigte sich noch greller nach Steiners Tod, als in der Gesellschaft wüste Zerwürfnisse aufbrachen.

*

Schon im Frühjahr 1919, mit 58, sprach Steiner einmal von „dem kurzen Leben, das mir noch zur Verfügung steht". Dann aber folgten Jahre einer schonungslosen Aktivität. Besorgten Stimmen erwiderte er, eigentlich müsse er „viermal mehr arbeiten". Ein Einschnitt war zweifellos der Goetheanum-Brand – „seine raschen, leichten Bewegungen, seinen rhythmischen Gang …, das alles erlebten wir seit der Brandnacht nicht mehr", hielt Assja Turgenieff fest, eine Großnichte des Schriftstellers, die als Eurythmistin und Künstlerin in

Dornach wirkte. Andererseits konnte alles in einem Augenblick wieder umschlagen, wie der Schriftsteller Albert Steffen beobachtete, der nach Steiners Tod dessen Nachfolger als Vorsitzender der Anthroposophischen Gesellschaft wurde: „Wie oft sah man ihn erschöpft dasitzen, mit einem Antlitz, das wie Asche erloschen war –: er fuhr sich plötzlich über Stirn und Schläfe, sprang auf und war wie ein Jüngling in der Blüte seiner Kraft."

In Steiners letzte Lebensphase fiel auch eine von vielen Spekulationen umgebene Beziehung zu der Ärztin Ita Wegman. Sie betrieb im nahegelegenen Arlesheim ihr medizinisches „Institut", oft spazierte Steiner die zwanzig Minuten dorthin, man sah sich fast täglich, um an einem gemeinsamen Buch zu arbeiten: *Grundlegendes für eine Erweiterung der Heilkunst nach geisteswissenschaftlichen Erkenntnissen*. Wie innig das Verhältnis war, wird in Briefen deutlich, die Steiner etwa während des *Landwirtschaftlichen Kursus* im schlesischen Koberwitz schrieb:

> „Ich konnte doch zu keinem Menschen so stehen wie zu Dir. Du lernst mich auch ganz anders noch kennen als andre Menschen mich gekannt haben, oder kennen. … Du wandelst an meiner Seite, wenn ich vortrage. Und das alles ist eben in unserem Falle die rechte Vorbedingung für das Wandeln in der geistigen Welt. … Ich möchte gerne weiterschreiben. Doch bald wird das Auto zum Abendvortrag vorfahren, das von hier nach Breslau fast eine Stunde braucht."[14]

Seiner Frau dankte Steiner in einem Brief kurz vor seinem Tod, sie habe sich „zum Verständnis durchgerungen; das ist ein Segen für mich. Im Urteil zusammenfühlen und -denken kann ich doch nur mit dir". Schon kurz nach seinem Tod aber, schon bei der Frage, wo seine Urne ihren Platz finden sollte, flammte der Konflikt zwischen den beiden Frauen heftig auf.

Über die Todesursache lässt sich kaum etwas Definitives sagen. Klar scheint allein, dass seine Verdauung seit Längerem gestört war, selbst auf Reisen wurden stets spezielle Speisen mitgeführt. Die „Aerztliche Bescheinigung der Todesursache“ des Kantons Solothurn, unterzeichnet von Ita Wegman, nennt „Herzschwäche und Erschöpfung nach langer Krankheit“. Manche Autoren halten die Vertuschung einer Krebserkrankung für denkbar, in anthroposophischen Kreisen dagegen hält sich bis heute der Verdacht, Steiner sei bei einem *Rout*, einem Beisammensein am Ende der Weihnachtstagung, vergiftet worden. Er selbst datierte den Einschnitt ein Jahr weiter zurück, bis zum Brand des Goetheanum, und vertraute seiner Frau Marie an, er sei „seit Januar 1923 meinem physischen Leib sehr entfremdet“.

Was den *inneren* Abschied betrifft, sind die Dinge ähnlich schwer zu deuten. Kurz vor der Weihnachtstagung, Steiner hatte soeben seine Memoiren begonnen, teilte er Marie mit: „Ich fühle mich, indem ich diese Lebensbeschreibung schreibe, wie von der Erde abgereist.“ Dann allerdings folgten erneut große Strapazen, unter anderem eine England-Reise und die lange Serie der Karma-Vorträge, bis er am 28. September 1924 erstmals einen Vortrag abbrechen musste. Aber selbst auf dem Krankenlager schrieb er weiter und empfing – wenn auch nur noch wenige – Besucher. Noch am 23. März 1925 klagte er, gesundheitlich gehe alles „furchtbar langsam“, so als erwarte er eigentlich eine aufsteigende Entwicklung. Eine Woche darauf aber, am 30. März, ist Rudolf Steiner gestorben.

*

In der anthroposophischen Tradition hat sich weithin ein Verständnis von Steiners Biografie herausgebildet, in dem dessen Leben als eine stimmige Reihe großer Entscheidungen gelesen wird. Der „philosophische" Steiner legt die erkenntnistheoretischen Grundlagen, der theosophische stellt sich bewusst in den Weisheitsstrom der Menschheit und beginnt mit Mitteilungen aus der geistigen Welt, der anthroposophische Steiner schließlich vertieft dies alles und zeigt Anwendungsmöglichkeiten auf den unterschiedlichsten Praxisfeldern. In den Hintergrund treten in dieser Lesart die Suchbewegungen dieses Lebens, die Vorstöße und Niederlagen, die Erschütterungen selbst noch im äußeren Erfolg.

Ein anderes Bild ergibt sich, wenn man auch diese zweite Ebene in ihrem vollen Gewicht gelten lässt. Auch weiterhin kann man die Größe des Impulses sehen, der dieses Leben von Beginn an bis in seine letzten Tage leitete, zugleich aber wird deutlicher, wie dieser Impuls an der Epoche, in der er stand und wirken wollte, abprallte, wie er sich an den stumpfen Wirklichkeiten brach und immer neue Bahnen suchen musste. Statt einer weichgezeichneten Lebenserzählung zeigt sich jetzt ein hartes, exemplarisches Drama. Fast ist es dann, als läge Steiners Leben wie in Bruchstücken vor uns und zeige dennoch, selbst in dieser Gestalt, ein großes Bild.

Schaut man noch einmal mit Abstand auf diese Biografie, zeigt sich: Sie war von Beginn an anders als gewöhnlich angelegt. Während Menschen üblicherweise ganz selbstverständlich in den bunten Lebenswirklichkeiten zuhause sind und allenfalls mit den Jahren – vielleicht – einen Blick für tiefere Daseinsebenen bekommen, war dies bei Steiner anders. In gewisser Weise verlief sein Leben wie in der Gegenrichtung, nämlich so,

„dass ich schon als Kind in der geistigen Welt als in der mir selbstverständlichen lebte, dass ich mir aber alles schwer erobern musste, was sich auf das Erkennen der Außenwelt bezieht. Dadurch bin ich für *dieses* auf allen Gebieten ein spät sich entwickelnder Mensch gewesen.“[15]

Metaphorisch gesagt: Steiner kam „von drüben“, jedenfalls hatte er schon früh (wenn man es denn nicht rundweg als Schwindel oder Fantasien abtun will) Evidenzen einer geistigen Welt, mit denen er aber in seiner Umgebung ins Leere lief. Seine philosophische Phase war der Versuch, diese Evidenzen gedanklich zu klären und ihnen einen kulturell anerkannten Ausdruck zu geben, als begründete philosophische Position. Auch dies war, gemessen an den Reaktionen, ein Fehlschlag. Noch mit Anfang vierzig stand der Außenwelt-Spätentwickler in geistiger Beziehung allein und blieb mit dem ihm Wichtigsten ohne Resonanz.

Diese Situation war es, in der er sich dann doch dem theosophischen Milieu zuwandte, in dem es immerhin eine Empfänglichkeit für seine geistigen Anliegen gab, wenngleich mit fragwürdigen Beigaben. So kam sein Impuls dann doch in die Welt, indes in einem besonderen Gewand, in theosophischer Aufmachung, in leicht misszuverstehenden Formen. Der eigentliche Gehalt, die Neuheit und Größe dieser geistigen Intervention, war darin nur schwer zu erkennen. Kurz, alles war leicht abzutun und abzufertigen.

Es ist, in gewisser Weise, eine Tragödie, die indes erst verständlich wird, wenn man nicht nur Steiners Part sieht, die prekäre Ausweichbewegung in die Theosophie, sondern auch die Weltzustände, die ihn dazu bewegten, insbesondere eine kulturelle Atmosphäre, die kaum eine Bereitschaft hat, das ihr Fremde unvoreingenommen wahrzunehmen und zu untersuchen. Diese Bereitschaft fehle, führte Steiner einmal aus, nicht nur bei denjenigen, die die spirituellen Aussagen unbesehen zurückweisen, weil sie entsprechende höhere Erkenntnismöglichkeiten grundsätzlich bezweifeln, sie fehle auch bei denen, die solche Mitteilungen ebenso unbesehen akzeptieren, weil sie aus vermeintlich höherer Einsicht stammten.

> „Hätte es denn aber niemals einen geben können, der sich sagte: Mag zunächst diese Weisheit wo auch immer hergekommen sein –, ich prüfe sie, ob und wie sie zu den Erscheinungen des Lebens passt… Eine solche Prüfung wäre vernünftig gewesen. Das ist aber das einzige, was tatsächlich dem menschlichen Geist Ehre macht, nicht das Hinnehmen auf Treu und Glauben, aber auch nicht das Ablehnen auf Treu und Glauben, sondern das vorurteilslose Prüfen.“[16]

Dieses Prüfen wäre, wie Steiner wieder und wieder betonte, in weiten Bereichen sehr wohl auch schon mit dem gewöhnlichen Menschenverstand möglich. Das eigentliche geistige Forschen setze tatsächlich eine spezifische Vorbereitung und innere Entwicklung voraus, das einmal Erforschte dagegen könne jeder Mensch in seiner Stimmigkeit und Erklärungskraft abwägen; und könne im Übrigen auch aus anderen Zeichen ablesen, ob „Wahrheitsduktus waltet“.

> „… man muss nur alles zusammen nehmen, die Art, wie gesprochen wird, der Ernst, in dem die Dinge aufgefasst werden, die Logik, die entfaltet wird und so weiter, dann wird man sich ein Urteil darüber aneignen können, ob dasjenige, was als Kunde von der geistigen Welt gebracht wird, Scharlatanismus ist, oder ob es einen Fond hat.“[17]

Das alles erspart sich die vermeintlich so unabhängig und kritisch denkende Epoche. Sie zieht es vor, über manch kuriose Blüte der Anthroposophie zu feixen, statt deren Substanz zur Kenntnis zu nehmen; geschweige denn ihre eigene Borniertheit zu reflektieren, ihren Hochmut und ihre Oberflächlichkeit und, vor allem anderen, ihre himmelschreiende intellektuelle Bequemlichkeit.

Erst eine solche Selbstreflexion könnte einen freieren Blick auf das öffnen, was durch die Anthroposophie in die Welt kam. Damit wären weder die erkenntnistheoretischen Fragen erledigt, die sich mit dem Anspruch höherer Erkenntnis verbinden, noch wäre geklärt, wie eigentlich diese eigentümliche Individualität namens Steiner in ihrer Stellung in der Welt zu begreifen ist. Beides aber wäre kühler und unbefangener anzugehen, ohne die pauschale Abwehr solcher Fragen, und übrigens auch ohne die esoterische Lüsternheit, mit der manche Anthroposophen auf sie fixiert sind.

Steiner, so könnte sich als vorläufiges Bild ergeben, ist wie ein Wanderer, der in einer unübersichtlichen Landschaft einen erhöhten Standort erreicht hat, von dem aus sich die Dinge besser überblicken lassen. Damit wäre nicht gesagt, dass ein solcher Wanderer frei von Schwächen und nicht einmal, dass er in seinen Beobachtungen unfehlbar wäre. Trotzdem könnte es intelligent sein, sich das, was er zu sagen hat, anzuhören und mit den eigenen Wahrnehmungen in Beziehung zu setzen, auch wenn man noch keine letzte Klarheit darüber hat, aus welchen Regionen hier eigentlich gesprochen wird. Aber das, was sehr einfach und vernünftig sein könnte, erscheint heute so fern wie zu Steiners Zeit.

„Der Tag wird die Morgenröte einer neuen Menschheit sein, der solche Worte, wie ich sie höchst unvollkommen heute zu prägen versuchte, nicht mehr finden wird als die Worte eines Predigers in der Wüste, sondern als die Worte, die den Weg finden zu den Herzen, zu den Seelen der Zeitgenossen. … Die Zeit ist um. Ich hätte noch vieles andere auf dem Herzen, darüber kann ein andermal gesprochen werden. Wenn ich es ein wenig durchsetzt habe mit allerlei symptomatischen persönlichen Dingen aus der Zeit, die ich in dieser Inkarnation selbst durchlebt habe, so nehmen Sie mir das nicht übel, denn ich wollte Ihnen dadurch zeigen, dass es stets mein Bestreben war, die Dinge, die auch persönlich an mich herantreten, nicht persönlich zu nehmen, sondern selbst als Symptome, die dasjenige offenbaren, was die Zeit und der Zeitgeist von uns wollen."[18]

4.

Paralleluniversum Anthroposophie?

Wie sich ihr Verhältnis zur etablierten Wissenschaft verstehen ließe

Wenn man Rudolf Steiners Anschauungen nahesteht, wird man es grundsätzlich wünschenswert finden, dass auch andere einmal dessen Werke aufschlagen. Aber man wird dem möglicherweise zugleich mit gemischten Gefühlen entgegensehen. Was, wenn ein nach gängigen Maßstäben ordentlich gebildeter Mensch beispielsweise Steiners Kosmologie begegnet?

Die Erde, wie wir sie heute kennen, ist laut Steiner aus „einem geistigen Zustand unseres Planeten" hervorgegangen. Vor diesem aber gab es bereits stofflich dichtere Stadien. Insgesamt habe die Erde „drei vorhergehende planetarische Zustände durchgemacht, zwischen denen immer Zwischenzustände der Vergeistigung liegen". Das ist eine, gelinde gesagt, für unsere Epoche sehr ungewöhnliche Welterzählung.

Ähnliches gilt für Steiners Aussagen über den Menschen. Auch sie lassen sich kaum mit dem in Verbindung bringen, was die heute anerkannte Wissenschaft sagt. Das gilt nicht allein für seine Ausführungen über nachtodliche Zustände, sondern auch für die über die menschlichen Wesensglieder (physischer Leib, Lebensleib, Astralleib und weitere). All dies steht wie ein eigenes – viele werden sagen: eigenartiges – Modell neben dem, was heute gelehrt wird. Wer Medizin oder Psychologie studiert, wird einer solchen Anthropologie kaum je begegnen.

Es ist ein irritierender Befund. Steiners Anschauungen scheinen weit herauszufallen aus dem, was heute intellektueller Standard ist. Und die Irritation wächst noch. Denn Steiner legt Wert darauf, nicht etwa Schöpfer eines phantasievollen Separat-Weltbildes zu sein, sondern in vollem Einklang mit der neuzeitlichen Wissenschaft zu stehen. Extreme Abweichung also bei behauptetem Einklang: Wie lässt sich das verstehen?

Selbstverständlich war sich Steiner bewusst, dass hier große Fragen aufzulösen sind; dass zu zeigen ist, wie diese unterschiedlichen Sichtweisen zueinander stehen. Offenkundig hängen sie nicht in der Weise zusammen, dass Steiners Lehren gleichsam in der Linie, in der Verlängerung heutigen Wissens lägen. Das Verhältnis muss von anderer Art sein.

In welcher Form das denkbar ist, versuchte Steiner gelegentlich in Vergleichen zu veranschaulichen. Etwa im Vergleich mit einem Gemälde. Einem solchen Gemälde könne man sich auf zweierlei Weise nähern. Zunächst einmal durch eine Analyse der verwendeten Farben, der Pigmente, des Farbauftrags und ähnlicher Aspekte. „Aber", so fährt er fort, „mit alledem trifft man nicht, was sich in dem Bilde offenbart. In dieser Offenbarung, die durch das Bild da ist, leben ganz andere Gesetzmäßigkeiten als diejenigen, die aus den angegebenen Gesichtspunkten gewonnen werden können." Vergleichbares ließe sich über den Menschen sagen. Auch da lassen sich auf der materiellen Ebene zahlreiche Einsichten gewinnen, lassen sich, vom Blutdruck bis zu den molekularen Vorgängen in den Zellen, naturwissenschaftliche Gesetze gut anwenden. Dennoch, so Steiner, spreche sich in der menschlichen Wesenheit etwas aus, „das von den Gesichtspunkten, von denen aus die Gesetze der äußeren Natur gewonnen werden, nicht zu ergreifen ist".[1]

Was also bei einem Gemälde offensichtlich ist: dass zur Analyse seiner materiellen Beschaffenheit andere Formen des Verstehens hinzukommen müssen, das gilt auch für den Menschen. Man kann an dieser Stelle die fundamentale Einsicht festhalten, dass unterschiedliche Erkenntniszugänge und Aussageformen sehr wohl und widerspruchsfrei zusammenpassen können.

Diese Einsicht ist im Grunde nicht neu. Und sie war, weil manche Zugänge leichter sind als andere, zu allen Zeiten ein schwieriges Thema. Es ist kein Zufall, dass dabei auch von jeher in *Gleichnissen* gesprochen wurde; sind diese doch noch am ehesten geeignet, komplexe, nicht-lineare Beziehungen anzudeuten. Dass Jesus in Gleichnissen sprach, ist mehr als eine Marotte. Ebenso, schon Jahrhunderte vorher, Buddha. Schon er thematisiert, im Gleichnis von den *Blindgeborenen*, die Bedeutung unterschiedlicher Erkenntnisebenen. Ein König, so heißt es da, habe alle blind Geborenen der Umgebung zusammengerufen, einen Elefanten in ihre Mitte gestellt und sie gefragt: „Wie ist denn ein Elefant?“ Einer, der dessen Bauch betastete, fand ihn einem Kornspeicher gleich. Einem, der einen Fuß umfasste, erschien er pfeilerartig. Die Urteilsbildung am Stoßzahn: Ein Elefant ähnele einer Pflugschar. Am Schwanzende schließlich das Ergebnis: Er ist wie ein Besen. Alle haben in gewisser Hinsicht recht, und alle verfehlen das Entscheidende. „Genau so, ihr Mönche, verhält es sich mit den Wanderasketen verschiedener Richtungen. Blind und augenlos erkennen sie nicht, worauf es ankommt und worauf es nicht ankommt.“[2]

Bei Buddha zielt das Gleichnis vor allem darauf, den Streit der Dogmen und Teilwahrheiten zu schlichten. Zugleich liegt in dem Gleichnis aber auch ein Bild der vollen Wahrheit: im *Sehen* des Elefanten. Letztlich, das ist der tiefere Sinn, sind *alle* Menschen Blindgeborene, sind auch die stolzen Asketen „augenlos“ und müssen erst lernen, das Eigentliche zu sehen.

Diese Differenz anzusprechen: den Unterschied zwischen der gewöhnlichen und einer klareren, volleren Art in der Welt zu stehen, war auch zu Zeiten eines Buddha, Lao Dse oder Jesus unbequem. Selbstverständlich fühlten sich die robusten Vertreter der herrschenden Sichtweisen stets durch solche Hinweise gestört. Trotzdem war in allen vormodernen Kulturen eines unumstritten: dass es solch höheres Bewusstsein grundsätzlich *geben* könne; dass also bestimmte Menschen – Erleuchtete, Propheten, Heilige – gleichsam aus einer anderen Weltebene und höherer Einsicht sprechen könnten.

Das ist heute anders. An diesem Punkt hat sich in der Neuzeit etwas verschoben. Die Tendenz dieser Epoche geht dahin, nur noch *eine* Weltebene gelten zu lassen, nur noch eine Beschreibungsebene für relevant zu halten: die der neuzeitlichen Naturwissenschaften. Sie allein scheinen sichere Wahrheiten zu verbürgen. Alle anderen Formen des Weltverständnisses werden nicht geradezu eliminiert (obwohl es solche Vorstöße auch gab, von der Französischen Revolution bis zum „wissenschaftlichen“ Sozialismus), sie werden aber in umfassender Weise *entwertet*. Sie gelten als bloßer „Glaube“, als ehrwürdige, aber letztlich beliebige Weltdeutung, und bekommen einen passablen Platz auf dem kulturellen Altenteil. Das ist das Arrangement der Neuzeit, mit dem sich beide Seiten recht gut eingerichtet haben.

Es ist, bei Licht betrachtet, ein Skandal. Bedeutet es doch, dass eine so weitreichende, von den herrschenden Denkweisen so weit abweichende Optik wie die religiöse sich nur noch in Nischen auslebt statt den schwierigen Versuch zu unternehmen, sich selbst zu erklären; schwierig jedenfalls, wenn man nicht nur (im Stil der Fundamentalisten) tradierte Formeln wiederholen will.

Vor diesem Hintergrund wird der geistesgeschichtliche Ort der Anthroposophie deutlich. Sie besteht darauf, dass die Räume, die heute ins Beliebige privaten Glaubens oder Nichtglaubens gefallen sind, die entscheidenden Räume der Welterkenntnis sind; und dass es sehr wohl – auch heute – höhere Formen der Erkenntnis geben kann. Nur müsse der *Weg* dorthin in unserer Epoche ein anderer als früher sein, weil sich die menschliche „Seelenverfassung", so Steiner, grundlegend verändert habe.

An dieser Stelle stößt man auf eine zentrale Pointe seines Denkens: Gerade die Naturwissenschaft, die über Jahrhunderte wie ein spirituelles Abbruchunternehmen agierte, enthält den Schlüssel zur Spiritualität der Zukunft. Aber nicht durch plumpe Übertragung ihrer Denkmuster in ein anderes Feld, von der materiellen in die „geistige Welt", die ganz anderen Gesetzen folgt. Festzuhalten sei allein der tiefste unsichtbare Ertrag der Neuzeit: ihr strenger, kühler Forschergeist. Er, der sich an der Erkenntnis der äußeren Natur ausbildete, werde bei der Erkenntnis der geistigen Welt auf völlig andere Weise Früchte tragen.

Das alles ist, keine Frage, äußerst anspruchsvoll. Es gibt, kurz zusammengefasst, eine heute anerkannte Erkenntnisform, die sehr leistungsfähig ist, aber bestimmte Einsichten nicht erreicht. Diese sind aber, auf anderen Wegen und mit ähnlicher Strenge, doch erreichbar. Und sie sind keineswegs nur eine Art Zutat oder loser Überbau des Bekannten, sondern sind das Tiefere und Umfassende. Von dort her wird das scheinbar Bekannte erst verständlich.

Steiner hat immer wieder versucht, diese abstrakten Sachverhalte zu veranschaulichen. So wie im Gemälde-Gleichnis zumindest die Differenz zweier berechtigter Zugänge zum selben Objekt deutlich wird, so hat er andere Vorstellungen entwickelt, die komplexer und dynamischer sind. In einer spielen ebenfalls „Gemälde" eine Rolle:

Man stelle sich einen Aufbau vor, „kunstvoll geschichtet aus Papierrollen".[3] Jede enthielte, eingerollt, „ein wunderbares Gemälde", das logischerweise von außen nicht sichtbar ist. Weitere Zusatzbedingung (so schlank und elegant wie in Buddhas Elefantengleichnis kommen wir hier nicht davon): Es handele sich bei den Gemälden um „lebendige, tätige Bilder", die sich selbst zu jenem Aufbau schichteten. Auch dies ist beim Anblick der Papierrollen kaum zu ahnen. „Sehen Sie, so ist es mit der äußeren Wissenschaft. Sie beschreibt diesen kunstvollen Aufbau, sie lässt aber ganz außer acht dasjenige, was als Gemälde auf jeder einzelnen Rolle steht." Und noch etwas ist in dem Bild angedeutet: „dass die gewöhnliche Wissenschaft zunächst gar nicht darauf kommen kann, dass unserem Weltengebäude dieses Geistige zugrunde liegt". Diese Einsicht kann nicht durch eine noch so genaue Papierrollenaufbau-Analyse gelingen, sondern „es muss etwas hinzukommen": Man muss Rollen *herausnehmen* und aufrollen! Das sei dasjenige, „was heute so schwer verständlich ist für die äußere, im Materialismus lebende Kultur": dass Erkenntnis zugleich *Tätigkeit* bedeutet; und dass die Erkenntnismöglichkeiten nicht vom erkennenden Subjekt zu lösen sind. (Einen Anflug solcher Einsichten mag die Physik im subatomaren Bereich wahrnehmen, wo keine Beobachtung ohne Beeinflussung des Beobachteten möglich ist.)

Gewiss, ein Gleichnis, ein Bild ist kein Beweis. Es gibt auch irreführende Metaphern. Was Bilder aber leisten können, ist, bestimmte Weltverhältnisse, die bis dahin gedanklich nicht zugänglich sind, ins Denkbare zu rücken, vielleicht gar ein

Umspringen der Perspektive auszulösen. In diesem Fall geht es um die Möglichkeit, dass sich hinter dem, was heute allein als sichere Erkenntnis gilt, Entscheidendes verbirgt; ja dass dieses Andere, Verborgene überhaupt erst das vermeintlich Bekannte erhellen kann, weil dieses von jenem her organisiert ist. Nichts anderes sprachen ja frühere Zeiten auf ihre Weise aus, wenn sie davon ausgingen, dass die sichtbare Welt erst von einem Unsichtbaren her (Gott, Geist, Dao …) verständlich wird.

Selbstverständlich steht es jedem frei, in alldem wiederum reine Spekulation zu sehen und sich an das zu halten, was klar und handfest nachweisbar ist, gleichsam die Analyse der Farben und Pigmente. Nur eben mit dem Risiko zu übersehen, dass ein Geist wie *Rembrandt* die Farben auf der Leinwand organisierte. Nichts anderes ist wohl gemeint, wenn Steiner einerseits die Leistungen moderner Wissenschaft anerkennt und zugleich von ihrer „grandiosen Oberflächlichkeit" spricht.

Diese Oberflächlichkeit ist mehr als eine bedauerliche Erkenntnisschwäche. Sie führt immer weiter in eine Kultur hinein, die in einer toten Mechanik gefangen ist und kein Verständnis für das tiefere Wesen von Mensch und Welt aufbauen kann. Ein solches Verständnis ist aber lebensnotwendig, um eine humane Zukunft zu gestalten.

5.
Der Blinde Fleck der Neuzeit
Philosophische Gesichtspunkte

Die von ihm vertretene „Geisteswissenschaft“ gelte an den Universitäten meist „als eine dilettantische Betrachtungsart“, schreibt Rudolf Steiner in der Vorbemerkung seines Aufsatzes *Philosophie und Anthroposophie*, der auf einen Vortrag im Jahr 1908 zurückgeht. Bis heute erscheint es anthroposophischen Kreisen weithin als eine Art Ungerechtigkeit und Rätsel, dass Steiner im akademischen Bereich kaum ernstgenommen und praktisch nicht rezipiert wird. Vielleicht lässt sich dieses Rätsel teilweise lösen, wenn man die Dinge am konkreten Beispiel studiert, etwa an jenem vielzitierten Aufsatz.[1]

Dort versucht Steiner unter anderem, die begrenzte Reichweite der neuzeitlichen Naturwissenschaften deutlich zu machen. Deren Streben, alles, auch den Menschen, mit rein naturwissenschaftlichen Mitteln zu erfassen, sei durchaus „für die echte Naturerkenntnis berechtigt“, stellt Steiner fest. Und fährt dann fort:

> „Aber unerlässlich ist es auch, dass man gegenüber diesem berechtigten Ideal zu einer Einsicht vordringt, die einem gesunden Wirklichkeitsgefühl entspringt. Man muss es *erleben*, wie fremd und immer fremder der innerlich erlebten Wirklichkeit dasjenige wird, was die Naturerkenntnis vor den Menschen hinstellt.“

Ist das ein Argument?, mag man sich da fragen. Sagt die *Fremdheit* von Erkenntnissen etwas über deren *Wahrheits*gehalt aus? Oder ist sie in anderer Hinsicht ein wissenschaftliches Kriterium? Kein Wunder, dass Philosophen an dieser Stelle abwinken. Gehört es doch geradezu zum Ethos neuzeitlicher Wissenschaft, der Fremdheit des Erkannten nicht auszuweichen, sondern sich ihr zu stellen. Man könnte sogar sagen: Ihre größten Erkenntnisschritte verdankt die Wissenschaft gerade ihrem Vordringen zu fremden, gewöhnungsbedürftigen Einsichten, etwa der Erkenntnis von Charles Darwin über den gemeinsamen Ursprung der Arten, die das bisherige Menschenbild – der Mensch als Krone der Schöpfung – erschütterte. Moderne Wissenschaft hat sich weithin *gegen* das vermeintlich „gesunde" Empfinden durchgesetzt. Und sie hat lange genug darum gekämpft, dass der Mensch diese Unvertrautheit, ja Kälte aushalten lernt statt sich gemütlichere Weltbilder zusammenzureimen.

Nun ist dies natürlich Steiner nicht unbekannt, und er hat selbst in anderen Kontexten formuliert: „Die Wahrheit ist wahr, auch wenn sich alle persönlichen Gefühle gegen sie auflehnen." – Wie also passt das zusammen?

Es passt nur dann zusammen, wenn zwei Ebenen der Betrachtung klar getrennt werden. Da ist zum einen die Ebene der reinen Naturerkenntnis. Diese folgt ihren Wegen und hat ihnen auch dann zu folgen, wenn die Wege in Bereiche führen, in denen die Erkenntnisse den Menschen gewissermaßen vor den Kopf stoßen, wie dies einst mit den Einsichten Darwins geschah und heute etwa mit denen der Quantenphysik geschieht. Ob solche Erkenntnisse dem entgegenkommen oder widersprechen, was dem Menschen angenehm ist, ist auf dieser Ebene völlig irrelevant.

Da ist zum anderen die Frage, inwieweit eine bestimmte Art Erkenntnis auch den *Kern* der Sache trifft und die Welt in den richtigen Relationen zeigt. Hier kann man sehr wohl zu dem Ergebnis kommen, dass ein rein naturwissenschaftliches Verständnis des Menschen nur gewisse Aspekte erfasst, die er etwa mit Tieren gemeinsam hat, aber womöglich an sein eigentlich Besonderes, laut Steiner die „geistige" Dimension des Menschseins, gar nicht herankommt. In diesem Sinne könnte die erlebte Fremdheit dann doch berechtigt und relevant sein.

Tatsächlich ist das ein zentrales Thema in Steiners Denken: dass uns im Menschen, in uns selbst, ein Stück Natur begegnet und zugleich etwas ganz *anderes* als ein Stück Natur; und dass auch der moderne Mensch, obwohl er nur noch für die eine Hälfte Begriffe hat, in seinen Tiefen doch die andere empfinde und, so Steiner, dumpf spüre: „Dieser Welt gehöre ich nicht an."

Steiner geht noch weiter und behauptet: Gerade in seiner *Besonderheit*, mit seinem geistigen Sein, könne sich der Mensch auf rechte Weise in die Welt *eingliedern* und finde seinen Ort im Ganzen, den die heutigen Sichtweisen überhaupt nicht in den Blick bekämen. Denn ihnen, die den Menschen allein als Naturwesen begreifen möchten, als letzte Sprosse einer Primatenreihe, entgehe das Entscheidende.

Schwierige, verwickelte Gedanken zweifellos. Klar aufzulösen sind sie nur, wenn jener Unterschied der Ebenen klar vor Augen steht und damit deutlich wird, wann ein Empfinden von Fremdheit *zum Erkenntnisweg gehören* kann und wann es möglicherweise einen *Irrweg* oder jedenfalls eine Einseitigkeit anzeigt.

All diese Aspekte werden in Steiners Text immer wieder berührt. Dass er sie aber kaum direkt ansteuert und die völlig unterschiedliche Aussagekraft von Fremdheitsempfindungen nirgends explizit macht, stattdessen allein an ein „gesundes Wirklichkeitsgefühl" appelliert: dies kann die Argumentation tatsächlich unscharf erscheinen lassen, auch wenn sie es in ihrer Substanz nicht ist.

Steiner hat durchaus immer wieder Versuche unternommen, seine philosophischen Gesichtspunkte auch in der akademischen Welt zur Geltung zu bringen. 1911 reiste er eigens zum *Vierten Internationalen Kongress für Philosophie* nach Bologna und hielt dort einen Vortrag. Auch dies aber ohne die erhoffte Resonanz. Steiner, so berichtet ein Kongress-Teilnehmer, der Philosoph Hugo Bergman, „wurde in diesen Kreisen entsetzlich verhöhnt und verlacht". Offenkundig entsprachen seine Diktion und sein argumentativer Stil nicht dem, was in diesem Milieu hätte überzeugen können.

War also alles ein Vermittlungsproblem? – Es war mehr. Denn zugleich wich Steiners Denkrichtung so entschieden von der Hauptrichtung neuzeitlichen Denkens ab, dass Missverständnisse fast unvermeidlich waren. Schon am beschriebenen Beispiel lässt sich das illustrieren. Denn im Kern lief Steiners Anschauung doch wieder auf eine *Herausgehobenheit* des Menschen hinaus und stellte sich damit quer zu jener mächtigen neuzeitlichen Tendenz, ihn so zu begreifen wie alle anderen Lebensformen. Besonders klar zeigt sich diese Tendenz auf der organischen Ebene. Zweifellos gleicht ja der menschliche Körper in vieler Hinsicht dem von Tieren. Wie ein Muskel funktioniert, studieren schon die medizinischen Erstsemester am Beispiel von Fröschen. Und diese Tendenz, den Menschen vor allem als Naturwesen zu betrachten, reicht bei Licht betrachtet noch viel weiter. War nicht genau dies die Botschaft, die Steiners Zeitgenosse Sigmund Freud so eindrucksvoll vertrat: dass im Menschen, trotz aller kulturellen

Überformung, eigentlich doch einige elementare Triebe dominieren, insbesondere der Sexualtrieb? Auch da sah der Mensch plötzlich wie ein notdürftig getarntes Tier aus. Ähnlich eine Generation später, als Verhaltensforscher wie Konrad Lorenz mit ihrer Theorie menschlicher Aggression immense Leserschaften erreichten. Kurz, der aufgeklärte Bürger der Moderne könnte Vorträge darüber halten, wie *nah* der Mensch seiner biologischen Verwandtschaft steht, kaum zwei zusammenhängende Sätze dagegen brächte er darüber zustande, worin er sich *unterscheidet*. Die Begriffe, in denen dieser Unterschied einst markiert wurde, *Seele* etwa oder *Geist*, baumeln zwar weiter im kulturellen Raum und werden in religiösen Milieus brav weiter gebraucht; dass sie aber *Realitäten* bezeichnen könnten, ist annähernd undenkbar geworden.

Und nun Steiner. Mit dem Hinweis auf die biologische Herkunft des Menschen hätte man ihn nicht erschrecken können. Steiner stand in engem Austausch mit dem wortgewaltigsten Verfechter des Darwinismus in Deutschland, dem Zoologen Ernst Haeckel, den er überaus schätzte und mochte und so flammend verteidigte, dass er Ende der 1890er-Jahre selbst manchen als Haeckelianer galt. Aber das war eben nicht die einzige Etage seines Denkens.

Erkennbar wird dies, wenn man sich Steiners Bild des Menschen vergegenwärtigt, der eben nicht nur ein physischer Körper sei, an den sich irgendwie etwas Geist angelagert hat, sondern ein subtil gegliedertes Wesen. Unser sichtbarer Körper ist laut Steiner nur das erste der menschlichen „Wesensglieder". Es gibt weitere, die unsichtbar und mit den am Materiellen orientierten heutigen Versuchsanordnungen nicht greifbar sind. Zunächst einmal den *Lebensleib* (er nennt ihn auch „Ätherleib"), den wir mit den Pflanzen gemeinsam haben. Er ist quasi der stille Organisator des Lebendigen, bei dessen Aussetzen wir von „Tod“ sprechen. Bei Objekten ohne Ätherleib tun wir das nicht. Eine Uhr bleibt stehen, sie *stirbt* nicht. Ein weiteres Wesensglied, den *Seelenleib* („Astralleib“), hat der Mensch mit den Tieren gemeinsam. Charakteristisch für diese Ebene ist das Auftreten von Leidenschaften und lebhaften Empfindungen von Lust und Unlust. Schließlich, als ein erst beim Menschen auftretendes Wesensglied, das *Ich*. Eine etwas prekäre Instanz, wie jeder weiß. Menschliche Entwicklung, so Steiner, umfasst die Fähigkeit des Ich, ein harmonisches Zusammenspiel der Wesensglieder zu erreichen. Ein tyrannisches Ich kann das so wenig wie ein kraftlos-diffuses.

An diesem Ich nun lässt sich zugleich Steiners abweichende Optik verdeutlichen. Denn diese Instanz spielt auch bei Freud eine prominente Rolle. Auch er spricht davon, gegenüber der Welt der Triebe und Leidenschaften „das Ich zu stärken“. Berühmt seine Losung: „Wo Es war, soll Ich werden.“[2] Aber – und hier kündigt sich die Differenz an – im Grunde traut Freud diesem Ich nicht viel zu. Es bleibt für ihn eine labile Instanz, die jederzeit wieder unter den Wogen der Leidenschaften begraben werden kann. Steiner sieht das selbstverständlich auch, stellt es aber in eine völlig andere Perspektive. Hier eben stoße man auf das, was den Menschen von Pflanze und Tier unterscheide:

> „Die Pflanze wird sich umbilden wegen der objektiven, in ihr liegenden Gesetzmäßigkeit; der Mensch bleibt in seinem unvollendeten Zustande, wenn er nicht den Umbildungsstoff in sich selbst aufgreift und sich durch eigene Kraft umbildet.“

An anderer Stelle fügt er den wuchtigen Satz hinzu:

> „*Jeder* gegenwärtig lebende Mensch ist in dieser Arbeit begriffen: er mag wollen oder nicht, er mag von dieser Tatsache ein Bewusstsein haben oder nicht."

Beide also, Freud und Steiner, sehen das Ringen und Strampeln des Ich zwischen anderen mächtigen Impulsen. Während aber Freud im Grunde resignativ darauf blickt, so als sei dieses Ich nur eine Flause der Evolution, schön aber kraftlos, sagt Steiner: Nein, es ist deren zentraler Schauplatz! So schwach es noch ist, es wird in langen Zeiträumen – laut Steiner durch viele Erdenleben hindurch – ein so kraftvolles Wesensglied werden wie die früheren, die heute in voller Stärke und Schönheit vor uns stehen. Nur dass wir all dies – mitten im Prozess – noch kaum überblicken können.

Für die konkrete Ich-Arbeit mag der Unterschied gar nicht so groß sein. So oder so erfordert sie eine Art Intelligenz des Weges, also die Fähigkeit, dem gesamten Spiel der Kräfte gerecht zu werden statt auf verkopfte Interventionen zu setzen. Und doch wird es einen bedeutenden Unterschied ausmachen, ob man in alldem nur einen hilflosen Zivilisierungsversuch sieht oder eine große Entwicklungsaufgabe, die das, was der Mensch sein kann, schon in Umrissen im Blick hat. „Der Mensch", so Steiner, „ist nicht ein stehenbleibendes Wesen, er ist ein Wesen im Werden. – Je mehr er sich selbst in die Möglichkeit versetzt, zu werden, desto mehr erfüllt er seine wirkliche Aufgabe." – Wobei dieses *Werden* eben nicht als eine Bewegung von hier nach dort zu verstehen ist, sondern im Sinne einer Verwandlung, der Selbstverwandlung in die tiefere Ausgabe unserer selbst. Von Ferne ins Auge gefasst wurden diese Dinge wohl schon immer, von Pindars „Werde, der du bist!" bis zu Schiller:

„Jeder individuelle Mensch, kann man sagen, trägt der Anlage und Bestimmung nach einen reinen idealischen Menschen in sich, mit dessen unveränderlicher Einheit in allen seinen Abwechselungen übereinzustimmen die große Aufgabe seines Daseins ist.“[3]

Dieser „Anlage und Bestimmung“ aber tatsächlich *gerecht* zu werden, ist laut Steiner für die heutige Menschheit nicht mehr nur eine Möglichkeit, sondern geradezu eine Wachstumsnotwendigkeit. Aus der Passivität heraustreten, die Aufgabe menschlicher Selbstgestaltung annehmen – dies entspreche dem Wesen unserer Epoche, die in seiner Diktion *Bewusstseinsseelenzeitalter* heißt. Steiner fasst sogar, über das Ich hinaus, weitere Wesensglieder ins Auge, die, so gesetzmäßig wie alles Frühere, aus diesem Umbildungsprozess hervorgehen würden. Deren Verwirklichung skizziert er als eine Aufgabe fernerer Zeiten.

*

Jenes „Ich“, das in Rudolf Steiners Denken eine so herausragende Rolle spielt, lässt sich noch von einer anderen Seite her beleuchten. Es ist nicht nur eine mentale Organisationsinstanz, ein innerer Pol der Entwicklung, es ist in gewisser Weise auch ein Durchgang, ein Zugang zu anderem. Es sei so, „dass dieses Ich in seinen Tiefen etwas finden kann, was in den Quell des Weltendaseins führt“.

Dies stellt die Dinge nun in eine ganz andere Dimension. Es ist zugleich ein gedankliches Motiv, das schon in Steiners ersten Werken auftaucht. Schon dort fasst er die Vorstellung ins Auge, unsere Ich-Tätigkeit, unser Denken sei „weiter nichts als ein Hineinarbeiten unseres Selbstes, unserer individuellen Persönlichkeit in das Gedankenzentrum der Welt“.

Mit solchen Sätzen allerdings stand Steiner auf einen Schlag mitten in einem philosophischen Minenfeld. Denn eben dies war ja die Kernaussage des dominierenden Denkers der Epoche gewesen, Immanuel Kants: dass es einen solch unmittelbaren Weltzugang des denkerischen Subjektes *nicht geben könne*; dass die angeborenen Kategorien des menschlichen Verstandes gewissermaßen einen Filter einschöben, der den Blick auf die „Dinge an sich" unmöglich mache; und dass jede Annahme einer direkten Weltbegegnung von einem naiven, „vorkritischen" Denken zeuge. Entsprechend wurde Steiners Ansatz weithin als böser Rückfall hinter Kant abgekanzelt.

Plausibel kann er nur werden, wenn verstanden wird, dass hier die menschlichen Erkenntnismöglichkeiten selbst in eine evolutionäre Perspektive gestellt werden. Es wird nicht mehr, wie bei Kant, statisch festgestellt: So ist der Mensch und dies sind die Grenzen seiner Erkenntnismöglichkeiten, sondern das ganze Bild wird prozesshaft aufgefasst. Das heißt, Steiner geht davon aus, „dass der höheren Erkenntnis eben eine *Entwickelung* der menschlichen Erkenntniskräfte voranzugehen hat". Der Mensch, so schreibt er gegen Ende von *Philosophie und Anthroposophie*, müsse „erst den Seelenzustand herstellen", der neue Erkenntnismöglichkeiten öffnet, auch wenn ein solch dynamisches Verständnis der Dinge nicht leichtfalle:

> „Das Bekennen zu dem verwandlungsfähigen Bewusstsein und damit zu einer wahren Wirklichkeitsforschung liegt den Denkgewohnheiten der Gegenwart noch fern. Vielleicht ferner, als zu Kopernikus' Zeit den Menschen das physische Weltsystem dieses Denkers gelegen hat. Aber so wie dieses den Zugang zu den Menschenseelen durch alle

Hemmnisse hindurch gefunden hat, so wird ihn auch die anthroposophische Geisteswissenschaft finden."

Worin dieses höhere Erkennen bestehen solle, das hat Steiner immer wieder aus unterschiedlichen Perspektiven zu beleuchten versucht. Kurz gesagt: Es ist *nicht* eine weiter gesteigerte *Verstandes*tätigkeit, es ist *nicht* ein Erschließen von Welthintergründen aus dem, was in den Vordergründen noch greifbar ist. Es ist tatsächlich, laut Steiner, eine andere Erkenntnisform, die sich der Mensch durch bewusste Seelenschulung erarbeiten kann. Steiner umschreibt sie mit etwas unterschiedlichen Begriffen: als „schauendes Bewusstsein", als „Hellsichtigkeit", als „Intuition". Wobei Intuition hier gerade nicht, wie häufig im Alltagsgebrauch, eine vorläufige Ahnung bezeichnet, die dann erst noch zu bestätigen wäre, sondern eine in sich klare, sichere Einsicht, etwa im Sinne mathematischer Einsichten, die keiner äußeren Belege und Indizien bedürfen, sondern ihre Stringenz und Transparenz in sich selbst tragen. Tatsächlich kommt Steiner immer wieder auf diese Verwandtschaft zu sprechen: „Man glaubt gar nicht, wie nahe in Wirklichkeit diese moderne Art des Hellsehens gerade dem mathematischen Anschauen steht." Anders gesagt: Immer geht es um die den äußeren Phänomenen innewohnende Struktur und innere Gestalt. Jene ominöse „andere", geistige Welt ist im Grunde die Innenseite dieser, der vertrauten Welt. So wie wir, sagt Steiner, einen Menschen nur in dem Maße verstehen, wie wir durch seine äußere Erscheinung hindurch auch seine inneren Wirklichkeiten sehen, so ist es letztlich überall. Und so müsse man auch „über die äußere Physiognomie, die uns die Naturerscheinungen geben, über diese Mimik und Gebärden, hineindringen in das Seelische der Welt".

Allerdings gilt auch: Der Weg dorthin ist einer, der den ganzen Menschen fordert, ihn über eine Schwelle führt, die ihm alles abverlangt:

> „Denn nicht durch ein Spintisieren oder Forschen mit denselben Mitteln, die man im gewöhnlichen Leben hat, kommt man in andere Welten hinein, sondern durch die Metamorphose, durch die Transformation des Bewusstseins in andere Bewusstseinsformen."

In gewisser Weise ist das alles selbstverständlich eine Zumutung. Eigentlich gilt für diese Erkenntnisprozesse, was schon für den beschriebenen Ich-Prozess galt: Wir stecken, wenn diese Deutung denn stimmt, *mitten drin*, wir sind, was das Gesamtbild betrifft, noch gar nicht urteilsfähig, wir könnten es, wenn überhaupt, erst sein, wenn wir schon „durch" wären. – Steiner hat darauf immer das Gleiche geantwortet. Richtig, selbst erforschen könne man diese Dinge nur mit schon gesteigerten Erkenntnisfähigkeiten. Aber *beurteilen*, ob das Mitgeteilte insgesamt Sinn ergibt – das sei durchaus schon aus dem gewöhnlichen Bewusstsein heraus möglich, wenn es sich denn nicht *sperre* gegen neue und auch ungewohnte Gedanken. Prüfstein könne nicht zuletzt die schlichte Frage sein: „Gibt es eine befriedigende Erklärung des Lebens, wenn die Dinge wahr sind, die da behauptet werden? Und man wird finden, dass das *Leben* eines jeden Menschen die Bestätigung liefert." Steiners Botschaft jedenfalls hat auch eine sehr bodenständige Seite. Sie lautet nicht: Da gibt es unglaubliche hellseherische Fähigkeiten, die durch eine spezielle esoterische Akrobatik erreichbar sind, sondern: „Es sind Fähigkeiten, welche durchaus in der Entwickelungslinie der gewöhnlichen menschlichen Seelenkräfte liegen."

Überhaupt ist der Clou: Erkenntnis, die gewöhnliche wie die „höhere", ist nicht eine Art Bonusprogramm der Evolution, sie ist ein regulärer Teil des Weltprozesses – und eben einer, der diesen Prozess gleichsam erst auf seine volle Höhe führen kann. Der Mensch, so Steiner, sei „kein Eckensteher des Weltgeschehens", sondern *„er gibt mit seiner Seele den Schauplatz her, auf dem die Welt ihr Dasein und Werden* zum Teil erst erlebt. Gäbe es nicht Erkenntnis, die Welt bliebe unvollendet."[4]

Erneut zeigt sich hier eine markante Abweichung von etablierten neuzeitlichen Denkmustern. Ihnen gilt Erkenntnis, das gedankliche Durchdringen der Welt, nur als ein parallellaufender, eigentlich entbehrlicher Vorgang; die Welt wäre im Grunde dieselbe, auch wenn niemand sie sieht und erkennt. Das fasst Steiner völlig anders. Erst im Erkennen erfüllt sich der Weltprozess, erst hier entfaltet sich das Potenzial des Seins, so spektakulär und zugleich selbstverständlich wie in manchen Vorgängen der Natur: Die Frucht ist nicht eine außerplanmäßige Leistung des Baumes, sondern sie offenbart gleichsam seinen Sinn und seine Bestimmung.

Und noch eine weitere dramatische Abweichung von den Prämissen neuzeitlichen Denkens springt hier ins Auge. Dieses geht davon aus, dass die Qualität, die Objektivität des Erkennens insbesondere davon abhängt, dass sich das erkennende Subjekt mental zurücknimmt, sich als Subjekt gleichsam ausschaltet. Steiner sagt das Gegenteil: Erst wenn der Mensch alles in sich wachruft, alle Kräfte und Sensorien in sich aktualisiert, erst dann findet jene Metamorphose statt, in der er *sich selbst* in ein Organ der Erkenntnis verwandeln kann. – Selbstverständlich blinken heutzutage an dieser Stelle alle erkenntnistheoretischen Warnlichter:

> „Vor diesem Sich-Vertiefen in das Erkenntnisdrama des Inneren haben viele – ich darf den Ausdruck wohl gebrauchen – eigentlich eine große Angst. Sie glauben, in den Abgrund der Subjektivität, in den Abgrund der Individualität hineinzukommen."

Davor schützen könne nur ein geschultes, diszipliniertes, sozusagen objektivitätsfähiges Denken, das auch dort noch sicher voranschreiten kann, wo es die Geländer der äußeren Wirklichkeiten loslassen muss. Die geistesgeschichtliche Pointe dabei: Gerade darin erblickt Steiner die eigentliche – kaum bewusste – Tiefenleistung neuzeitlichen Forschens und Denkens: dass es ein „Erziehungsmittel außerordentlicher Art" war, indem es diese Disziplin *an der sinnlichen Welt* mehr als jede frühere Epoche schulte und übte und sie jetzt quasi mitnehmen könne in andere, „über-sinnliche" Erkenntnisregionen. Entsprechend begriff er seinen Ansatz nicht als Abkehr von den Imperativen neuzeitlichen Erkennens, sondern als deren volle, durchschlagende Verwirklichung.

Klar bleibt indes, es ist ein Ansatz, der allen neuzeitlichen Reflexen widerspricht, der im Grunde die ganze Suchrichtung umkehrt, indem er sagt: Im Erkenntnisprozess ist nicht das Subjekt soweit möglich zu *eliminieren*, sondern im Gegenteil voll ins Spiel zu bringen. Nur eben in der rechten Weise, welche die ja zweifellos vorhandenen Gefahren sieht und allmählich zu meistern lernt. Genau das erweist sich dann als der Blinde Fleck der Neuzeit: dass sie dem, was anzusteuern wäre, konsequent ausweicht. Gerade das, was heute als „vollster Unsinn" gelte, weise den Weg, schreibt Steiner einmal. Die Tiefen der Welt seien, anders als Kant meinte, nicht verschlossen, nur öffneten sie sich auf völlig andere Weise als diese Epoche meint. – Ob eine Ahnung davon in einem rätselhaften Satz des Philosophen Ludwig Wittgenstein aufscheint?

> „Ein Mensch ist in einem Zimmer *gefangen*, wenn die Tür unversperrt ist, sich nach innen öffnet; er aber nicht auf die Idee kommt zu *ziehen*, statt gegen sie zu drücken.“[5]

*

Man könnte wohl ganze Legionen kultureller Phänomene durchgehen, die sich mit dieser Optik, wie nebenbei, neu belichten lassen. Ist etwa jene – menschheitlich völlig neue – moderne Ich-Fixierung, die sich so intensiv in die eigene Lebenskonfiguration hineingräbt und ein fabelhaftes gesellschaftliches Ego-Theater aufführt, nur eine kulturelle Laune? Gewiss lassen sich die jeweiligen Ausprägungen schön in psychologischen Kategorien beschreiben. Der Grundimpuls aber wird erst lesbar, wenn in den Blick kommt, dass hier eine tiefe und berechtigte Ahnung waltet: Entwicklung kann in der heutigen Menschheitsphase nicht durch *Übergehen* des Individuellen gelingen, sondern nur durch dessen Verstehen und durch bewusste Selbstgestaltung.

Dieser Punkt aber wird – trotz oder wegen der neuzeitlichen Ich-Obsessionen – kaum je gesehen: dass das menschliche Ich nicht nur eine Privatangelegenheit, sondern eine Weltangelegenheit ist, als der entscheidende Ort von Entwicklung und Erkenntnis. Schon in seinen frühen Goethe-Studien benennt Steiner die Klippe, über die das Zeitalter partout nicht hinwegkommt:

> „Es ist für die Mehrzahl der Menschen unmöglich, sich vorzustellen, dass etwas, zu dessen Erscheinung durchaus *subjektive* Bedingungen notwendig sind, doch eine *objektive* Bedeutung und Wesenheit haben kann.“

Das Subjekt als Organ der Objektivität – das wäre vielleicht die kürzeste Formel. Sie entspräche zugleich auf fantastische Weise dem Geist der Epoche: der Aversion gegen alles Autoritative und dem Anliegen, alles vom freien, mündigen Individuum her zu generieren. Auch hier gilt: Steiners Lehre wendet sich gerade nicht, wie die Kritiker schwätzen, von den Zielen der Aufklärung ab, sondern verfolgt sie im Gegenteil bis in ihre letzte Konsequenz.

Aber, Stand jetzt, man kommt über die Klippe nicht hinweg. Und so leidet das stolze „Zeitalter des Individuums" in Wahrheit unter einer eklatanten Ich-Schwäche. Es ist unfähig die eigentliche Rolle dieses menschlichen Wesensgliedes zu erfassen und verliert sich umso mehr in einer wirren und trivialen Ich-Rhetorik.

Das ist auch der tiefere Hintergrund der eingangs thematisierten Unfähigkeit, den Menschen in der ganzen Spannweite seines Seins wahrzunehmen; also nicht allein das Offenkundige zu sehen, etwa seine Verwandtschaft mit den Tieren, sondern auch das Nicht-Offenkundige: sein *Anderssein*, die in ihm liegenden Potenziale. Und vor allem zu sehen: dass er seiner Rolle in der Welt nicht gerecht wird, indem er diese Potenziale leugnet, sondern indem er sie ergreift und entwickelt. Gerade *dann* könnte der Mensch sich in ein harmonisches Verhältnis zur Natur und insbesondere zur Tierwelt setzen, was er heute in so katastrophaler Weise verfehlt.

Und noch eine weitere zentrale Frage wird unter diesen Gesichtspunkten interpretierbar: warum unsere Epoche dies alles gar nicht *hören* will; warum sie – abgesehen vom Geplätscher der Esoterik-Szene – alles „Geistige" oder „Spirituelle" so skeptisch beäugt und einen so mächtigen Zug ins Sinnlich-Materielle hat. Man stößt hier auf die herrlichsten Paradoxien. Denn genau dieser Materialismus ist die *Voraussetzung* für den nächsten geistigen Schritt! Dies eben sei das epochal Neue, so Steiner, dass die heutige Menschheit sich nicht mehr wie frühere Zeiten gleichsam vom Materiellen abwenden und geistigen Welten hingeben kann, sondern das Geistige *im Materiellen* auffinden muss. Diese Ahnung lebe in den Untergründen unserer Zeit und erkläre ihr Misstrauen gegen ein „Ausweichen" ins Spirituelle und ihre hartnäckige Fokussierung auf die materielle, sinnliche, diesseitige Welt:

> „Weil einmal das Geistige aus der menschlich-physischen Materie heraus sich offenbaren soll, neigt heute diese Welt in hohem Maße zum Materialismus hin. Das Geistige sieht sie noch nicht, aber dasjenige, woraus ihr das Geistige wird, das sieht sie heute. Daher der Materialismus… Aber in der Menschheitsentwickelung ist alles im Fluss: aus dieser Leibeserkenntnis, diesem Materialismus, wird einmal ein Spiritualismus werden, der nur von einer ganz andern Seite herkommt…"[6]

Und der zugleich, durch diese neuzeitliche Erfahrung hindurchgegangen, eine *andere* Geistigkeit als in früheren Zeiten hervorbringen wird; eine, die gleichsam *an der Materie* erwacht ist und an der Erforschung der materiellen Welt jene strenge mentale Selbsterziehung durchlaufen hat, die erst eine „Geisteswissenschaft" erlaubt, die die nächste menschheitliche Etappe prägen könnte. In diesem Sinn, so Steiners geniale Wendung, sei ausgerechnet die naturwissenschaftliche Denkweise ein „Vorbote für neues Eindringen der Menschen in Weltenweisheit, wenn auch nur ein Vorbote, und wenn auch zunächst auf eine, ich möchte sagen gottabgewandte Art".

Es sind Interpretationen, die ganz andere Zusammenhänge in den Blick bekommen als das landläufige Gejammer über die „materialistischen" Zeiten. In einem Satz gesagt: Wir sind aus geistigen Gründen Materialisten! Und könnten nur allmählich, aus ebenso geistigen Gründen, einen Schritt weiterkommen.

„Eigentlich", sagt Steiner einmal, „verschläft der Mensch sein Wesen". Und er könne zu diesem Wesen auch erst erwachen, wenn er den Zugang zu dem findet, was er heute so vehement zurückweist. Erst dann könne sein wirklicher Platz in der Weltordnung sichtbar werden. In Wahrheit sei im Menschen „gewissermaßen involviert, zusammengerollt, das ganze Weltgeheimnis enthalten". Einmal nennt er ihn sogar ein irdisches *und* „außerirdisches" Wesen. Und notiert drei Monate vor seinem Tod:

> „Feierlich sollte es stimmen, ein Geistiges mit physischen Sinnen in der physischen Welt als Menschengestalt wahrzunehmen."[7]

Aber in Bologna hat man gelacht.

6.
Eine Anthroposophie, die keine mehr ist?
Das Dilemma der Vermittlung

Anthroposophie *muss* in die Öffentlichkeit gehen, sie muss, wenn sie ihre große kulturelle Aufgabe erfüllen will, ihre begrenzten Milieus verlassen, sie muss raus in die Welt.

Zugleich ist diese Welt, die heutige Welt, wenig geneigt, die in vieler Hinsicht fremdartigen und schwierigen Aussagen und Hinweise der Anthroposophie aufzunehmen, sich überhaupt nur mit ihnen bekanntzumachen. Die Anthroposophie erscheint ihr offenbar im Großen und Ganzen nicht attraktiv. Gerade denen, die – dem Wesen der Epoche getreu – nach klarer, strenger Erkenntnis streben, erscheint sie meist auf den ersten und auch noch den zweiten Blick nicht als ernstzunehmendes Angebot. Auf sie wirkt die Anthroposophie wohl wie eine etwas kuriose, aus der Zeit gefallene spirituelle Richtung. Jedenfalls nichts, das relevant, das jahrelange Bemühung wert wäre. Andere sind noch schneller mit ihr fertig und finden sie von vornherein lächerlich oder zeigen mit dem Finger auf bestimmte Formulierungen, die heute als politisch unkorrekt gelten.

Für Anthroposophinnen und Anthroposophen ist dies ein bedrückendes Bild: Was sie als die große, zeitgemäße Antwort auf die ungeheuren Turbulenzen der Epoche wahrnehmen, wird von dieser Epoche übergangen, wird belächelt oder geächtet, und bleibt jedenfalls ein Nischenphänomen.

Daraus ergibt sich die Aufgabe, vor der die Anthroposophie seit über hundert Jahren steht: Das, was die Menschheit nicht aufnimmt, jedenfalls nicht wirklich, durchgreifend aufnimmt, auf eine Weise an sie heranzutragen, dass sie diesem Impuls doch einen Zugang zu den Köpfen und Herzen öffnen kann.

Eine naheliegende Tendenz dabei: diejenigen Aspekte der Anthroposophie in den Vordergrund zu rücken, die im mentalen Kontext unserer Zeit noch einigermaßen vermittelbar sind. Diese Aspekte gibt es durchaus. Dass etwa die neuzeitliche Kultur mit ihrem mechanistisch-technokratischen Weltverständnis an einem toten Punkt angelangt ist, ist eine verbreitete Empfindung weit jenseits anthroposophischer Kreise. Nicht zufällig ist auch die Anthroposophie auf bestimmten „Praxisfeldern" erfolgreich. Insbesondere mit einer Pädagogik, die sich, stärker als sonst üblich, auf die kindlichen Entwicklungsstufen und Rhythmen einstellen möchte. Oder mit einer Landwirtschaft, die nicht als stumpfe Ausbeutung natürlicher Ressourcen agiert, sondern sich in weite ökologische Zusammenhänge einzugliedern versucht. All dies ist heute kulturell anschlussfähig. Und es liegt nahe, sich damit gleichsam in die gesellschaftlichen Diskurse einzufädeln und manch sperrige Teile vorerst im Depot zu lassen.

Aber: Vermittelt man damit das richtige Signal? Lässt sich tatsächlich ein so geschmeidiger Weg in die Zukunft finden, dass alle immer ein bisschen achtsamer werden und die Anthroposophie am Ende Standard ist? Was ist mit Rudolf Steiners „Bekenntnis zu einem schroffen Übergang"? Ohne ihn, meinte er, komme man „über den Rubikon der heutigen Kulturmisere nicht hinweg", komme man „nicht wirklich drüben an, in den Gebieten, von denen aus sich die Impulse der Zukunftskultur entwickeln können".[1] Was ist mit Steiners bis tief ins Historische gehender Analyse der *Gegen*kräfte, also geistiger Mächte, die im Menschen und durch Menschen hindurch wirken und die nicht kampflos weichen werden? Was ist überhaupt mit der Vorstellung einer geistigen Welt, die nicht als milder Nebel über der „Wirklichkeit“ liegt oder als schöne Metapher dient, sondern die, konkret und kraftvoll, selbst den Kern dieser Wirklichkeit ausmacht? Bei solchen Formulierungen werden manche Zeitgenossen recht reserviert dreinschauen und sich fragen, wie ansonsten verständige Menschen so archaischem Kulturgut aufsitzen können.

Es ist kein Zufall, dass sich die anthroposophische Szene in zwei Richtungen gespalten hat. Die eine fügt sich sehr verbindlich in die heutige kulturelle Atmosphäre ein, repräsentiert eine sozusagen überall vorzeigbare Anthroposophie und kommuniziert ohne alleinigen Wahrheitsanspruch mit anderen spirituellen Strömungen. Indes mag sich die Frage stellen, ob hier nicht gelegentlich um der Harmonie willen Unterschiede verwischt werden und das spezifisch Neue der Anthroposophie aus dem Blick gerät. Die andere Richtung pflegt scharfe Abgrenzungen, vertritt beinhart auch die ungemütlicheren Aspekte der Anthroposophie und versteht sich wohl als das letzte Fähnlein der Aufrechten. Dies allerdings, wie meist bei marginalisierten Gruppen, mit einem starken Zug von Hochmut und Rechthaberei. Selbstverständlich gibt es dazwischen manche Schattierungen. – Insgesamt können sich beide Seiten in dieser Konstellation wechselseitig als Opportunisten respektive Dogmatiker betrachten – oder aber die Logik sehen, die hier waltet.

Man kann dasselbe Thema noch von einer anderen Seite angehen und fragen: Inwieweit gelingt es eigentlich, mit anthroposophischen Inhalten jenseits der eigenen Kreise sichtbar zu werden, also beispielsweise nicht nur in anthroposophischen Zeitschriften, sondern in der etablierten Presselandschaft? Es gelingt *kaum*. Was überhaupt eine Chance hat, sind wiederum die Praxisfelder. Engagierte Demeter-Bauern, eine vorbildliche heilpädagogische Einrichtung, der weltweite Erfolg der Waldorfschulen – das geht. Kaum je wird man hingegen einem Artikel begegnen, der etwas über die Gedankenwelt dessen sagt, der dies alles initiierte.

Schlägt man als Autor dergleichen vor, wird einem ein eigentümliches Desinteresse begegnen, gewiss auch eine Art Redakteursvorsicht: Es weht einen der Verdacht an, man wolle da womöglich etwas propagieren. Aus redaktioneller Sicht liest sich der Vorschlag wohl ungefähr wie der eines Mormonen, der sich anbietet, die wegweisenden Mitteilungen des Joseph Smith einmal in Ruhe und im Zusammenhang darzustellen. Redakteure haben gewöhnlich eine Witterung für das, was im Zweifelsfall einigen Ärger und die Frage eintragen wird, wie man solchen Dingen „unkritisch" ein Forum geben kann.

Als Autor kann man nun versuchen, gegen diesen Wind aus Vorbehalten anzusegeln, vielleicht auch zu signalisieren, dass man durchaus eines distanzierten Blickes auf die Thematik fähig ist und kritische Punkte nicht ausblenden möchte (was in Wahrheit kein Zugeständnis ist, sondern selbstverständlich sein sollte).

Dennoch ist fraglich, ob in dieser Atmosphäre des Misstrauens das Neue und Besondere der Anthroposophie zur Erscheinung kommen kann. Wahrscheinlicher ist, dass unter diesen Bedingungen eine Art halbamtliche Darstellung herauskommt: Die Anthroposophie vertritt diese und jene Anschauung, sie folgt einem Reinkarnationsdenken und beobachtet beim Menschen eine Reihe von „Wesensgliedern", vom physischen und dem Ätherleib bis zum Geistesmenschen. Vielleicht wird sich sogar andeuten lassen, dass das, was Steiner über die „geistige Welt" sagt, keineswegs so bizarr ist, wie es zunächst scheinen mag; dass es vielmehr einem tieferen Realismus folgt und eine differenzierte Beschreibung der Kräfte bietet, die sich in den Auseinandersetzungen der Gegenwart ausagieren.

Nichts davon mag falsch sein, trotzdem kann man bezweifeln, ob sich damit viel ausrichten lässt. Nimmt sich das alles nicht – in den Augen Außenstehender – immer noch wie ein etwas willkürliches Weltbild aus, bei dem man nicht recht versteht, wie jemand „darauf kommt" und warum die Welt das so dringend braucht?

Jenseits aller sachlichen Richtigkeit: Es ist, als ob solchen Darstellungen etwas fehle, etwas schwer Fassbares und doch Essentielles – gleichsam das Aroma des Ganzen. Ist doch die Anthroposophie in ihrem Wesen nicht ein Kanon an Anschauungen, sondern fast möchte man sagen: eine Aktionsform, ein Lebensduktus, nur – was den Zeitgenossen verrückt erscheinen muss – damit keineswegs nur etwas Subjektives, sondern ein Zugang zu den entscheidenden Wirklichkeiten; weil eben diese Wirklichkeiten selbst in Bewegung, lebendig sind. Nicht immer schon wissen, sondern sich selbst von Grund auf ans Wissen heranarbeiten – ist nicht *dies* Anthroposophie? Und ist anthroposophisch nicht auch ein in diesen Zeiten wenig populärer Sinn für den *Ernst* der Dinge, insbesondere ein Bewusstsein davon, dass die Katastrophen unserer Epoche letztlich durch das Festhängen in überholten Denkmustern bedingt sind? Weil eben neue, anders gelagerte Lösungen erst möglich werden, wenn man sich dazu durchringt, die volle, auch die geistige Wirklichkeit zur Kenntnis zu nehmen?

All dies wird schwer den Weg in die heutigen Diskurse finden. Was dort ankommt, was durch tausend Sperren bis dorthin durchkommt, wird in der Regel beruhigt und abgeschliffen sein, wird seine Wucht und seinen Charme verloren haben, hart gesagt: eine Anthroposophie, die keine mehr ist.

Es wirkt ein bisschen wie in dem Andersen-Märchen mit dem harmlosen Titel und dem grauenhaften Inhalt *Die kleine Meerjungfrau*: Die ist, um dem von ihr geliebten Menschen zu gefallen, bereit, ihre Natur, ihren Fischschwanz zu opfern – und wird am Ende trotzdem nicht geliebt.

Das sind Fragen, vor denen die Anthroposophie seit ihren Anfängen steht. Schon Steiner wandte sich gegen eine allzu beflissene Ausrichtung auf das, was sich mit den geläufigen Anschauungen verbinden lässt: „Die Leute, die Kompromisse schließen wollen bis zu dem Grade, dass sie eigentlich die Anthroposophie untergehen lassen möchten in dasjenige, was die Menschen gewohnt sind, die findet man schon sehr zahlreich.“[2] Gleichzeitig wurde er selbst nicht müde, immer neue Wege zu suchen, um doch Übergänge vom Gewohnten zum Ungewohnten zu öffnen; um dem Neuen in einer abweisenden kulturellen Umgebung Gehör zu verschaffen. Insbesondere seine gesamte öffentliche Vortragstätigkeit zeugt von diesem Versuch.

Etwas zunächst Fremdartiges kulturell zugänglich zu machen, ohne dabei seine Fremdartigkeit zu kaschieren: Dieses Dilemma ist nicht ohne weiteres aufzulösen. Es muss wohl doch auf sich genommen werden. Und die Leistung wird darin liegen zu zeigen, dass das scheinbar Fremde ins Ureigene führt und die Welt auf neue Weise verständlich und vertraut werden lässt.

Zweifellos geht es hier um schwierige, paradox wirkende Anschauungen. Und auch ihre *Vermittlung* wird nicht glatt und linear verlaufen können. Sie ist der Versuch, das Ungewohnte zu sagen und es zugleich im Horizont des Gewohnten plausibel und fühlbar zu machen. Es ist ein Weg zwischen entgegengesetzten Polen, wenn man so will zwischen Festigkeit und Flexibilität, und die Justierung ist immer neu zu finden. Etwa so:

> „Also nicht darum handelt es sich, bei dem geraden Wege so zu gehen, dass man sagt: Ich gehe meinen geraden Weg, und man sich, wenn ein Pfeiler da ist, mit dem Schädel anstößt; man weicht natürlich aus, man benützt natürlich dasjenige, was einen praktisch vorwärtsbringt. Aber darum handelt es sich, dass man in alles den Impuls, der aus dem Zentralen selber herauskommt, durchaus hineinlegt.“[3]

7.
Rassistische Tendenzen?
Anthropoposophie unter Verdacht

Rudolf Steiner hat in jüngerer Zeit eine eigentümliche Karriere als Hassobjekt gemacht. Eine wichtige Rolle spielen dabei Vorwürfe, er sei keineswegs nur ein harmloser und menschenfreundlicher Anreger einer besseren Pädagogik und Landwirtschaft gewesen, sondern im Grunde ein Nationalist oder gar Rassist. Seit den 1990er-Jahren wurde dieser Punkt sogar zu einem Hauptthema in der öffentlichen Wahrnehmung der Anthroposophie, so als entschiede sich an ihm die gesamte Bewertung der von Steiner ausgegangenen Anstöße.[1] Was ja, wenn die Vorwürfe zuträfen, nicht von der Hand zu weisen wäre. Wenn ein Mensch in einer so zentralen Frage irrt, müsste das auch den Blick auf andere Facetten seines Werkes berühren.

Tatsächlich wird man dort, wo Steiner sich diesem Themenfeld zuwendet, einer von den heutigen Diskursen deutlich abweichenden Perspektive begegnen. Die Irritationen beginnen schon mit der Wortwahl. *Die Mission einzelner Volksseelen*, hieß beispielsweise einer seiner Vortragszyklen, gehalten 1910 in Kristiania, dem heutigen Oslo.[2] Volksseelen? Da tritt man heutzutage einen Schritt zurück. Es klingt zu sehr nach jener abgestandenen Völkerpsychologie, die Menschen entsprechend ihrer Herkunft feste Eigenschaften zuschrieb. Dennoch kann einen, falls man doch weiterliest, irgendwann der Gedanke beschleichen, dass Steiners Ausführungen – so verzweigt und scheinbar umständlich sie daherkommen – doch Wesentliches enthalten könnten. Womöglich einiges, das unsere Epoche glorreich ignoriert.

Ist es nicht eine schlichte Tatsache, dass wichtige Schritte in der Menschheitsentwicklung mit bestimmten Zeiten und Völkern verknüpft sind, dass gleichsam das Impulszentrum immer wieder wandert, von den geistigen Pionierleistungen im frühen Indien über das alte Ägypten und Griechenland bis in neuere Zeit? Und ja, Steiner schrieb auch Mitteleuropa in diesem Menschheitskonzert eine Stimme, eine „Mission" zu. Dabei dachte der Österreicher vor allem an die geistigen Suchbewegungen der deutschen Klassik, an Goethe, Schiller, Humboldt und deren ganz am Individuum und dessen persönlicher Entfaltung orientierte Ansätze. Hier, so meinte er, hätte der notwendige Kontrapunkt zu der ins Technokratisch-Staatliche abdriftenden Moderne liegen können. Aber dieser Weg sei abgebrochen und ins Machtpolitische umgebogen worden. Steiner 1919: „Die Deutschen sind daran zugrunde gegangen, dass sie es auch mitmachen wollten mit dem Materialismus, und weil sie kein Talent haben zum Materialismus." Für die ferne Zukunft erwartete er große Impulse aus der slawischen Welt.

Nach *Nationalismus* sieht das eigentlich nicht aus, im Gegenteil. Es sei deprimierend, so Steiner, dass die Menschen „so wenig tapfer sind, sich herauszuarbeiten aus den Nationalismen". Sich aus kollektivistischen Formen herausarbeiten: Hier stößt man auf einen Punkt, an dem die heutige Steiner-Kritik regelmäßig ins Schleudern kommt, weil sich bei ihm beides *zugleich* findet – einerseits ein ausgeprägter Sinn für die Bedeutung kultureller und nationaler Unterschiede, andererseits die radikale Weigerung, Menschen auf solche Kategorien festzulegen. Man könnte auch sagen: eine Fähigkeit zu einer Differenz-Wahrnehmung, die zugleich durch und durch human ist. Wäre das womöglich etwas, das wir heute gut brauchen können?

Steiner hielt diese Haltung sogar im Ersten Weltkrieg durch. Als selbst ein Thomas Mann nationalistische Töne anschlug (er hat sich später mutig revidiert), kamen von Steiner Sätze wie: „Durch nichts wird sich die Menschheit mehr in den Niedergang hineinbringen, als wenn sich die Rassen-, Volks- und Blutsideale fortpflanzen."

Man kann diesen Humanismus bis in Einzelheiten seiner Vorträge verfolgen. Im Herbst 1917 etwa, nach über drei Jahren Krieg, widerspricht Steiner Forderungen, der Krieg müsse, koste es was es wolle, bis zu einer vermeintlich *endgültigen* Lösung fortgesetzt werden.

> „Ich habe das ja verglichen damit, dass man am besten dafür sorgen würde, dass in einem Haushalt kein Geschirr mehr zerschlagen wird, wenn man zuerst alles zerschlägt. So ungefähr ist die Schlussfolgerung derjenigen, die da sagen: Der Krieg muss so lange fortgesetzt werden, bis Aussicht vorhanden ist, dass der Friede ein dauernder ist."

Steiner wendet sich in dieser Passage gegen einen Autor, der große Menschheitsziele beschwor, für die gegebenenfalls auch „ein paar Tonnen organischer Substanz" auf den Schlachtfeldern geopfert werden könnten. Steiner nennt eine solche Argumentation „schauderhaft" und hält sie zugleich für symptomatisch. Letztlich erblickt er in ihr den extremsten Ausdruck eines weltanschaulichen Materialismus, der eben keine Begriffe mehr davon entwickeln kann, was der Mensch jenseits von „organischer Substanz" sein könnte. Dann würden am Ende nur noch, in leeren Phrasen, ewige Ziele gegen das vergängliche Menschsein ausgespielt – „nicht achtend der Tatsache, dass in jedem einzelnen Menschen die Ewigkeit, die Unendlichkeit lebt …“[3]

Wenn Steiner trotzdem immer wieder als politisch reaktionärer, manchmal sogar als antisemitischer und rassistischer Denker hingestellt wird – ist das alles eine Fehldeutung? Letztlich ja. Wir verfechten sogar die Behauptung, dass Steiners Humanismus konsequenter und tiefer fundiert ist als der vieler seiner Kritiker. Allerdings muss man diese Fundamente in mancher Hinsicht erst sichtbar machen. Ist doch einiges aus völlig anderen Kontexten heraus formuliert und wird völlig unverständlich bleiben, wenn man bestimmte, heute geläufige Kategorien für die einzig gültigen hält. Wer diese Mühen des Verstehens scheut, wird selbstverständlich schnell mit Steiner fertig sein. Wer sie auf sich nimmt, darf sich auf einige Entdeckungen gefasst machen.

Schauen wir uns zwei zentrale Themen genauer an: Steiners Verhältnis zum Judentum; und sein heute vielfach als anstößig empfundenes Nachdenken über die Unterschiede von Kulturen, Völkern und „Rassen“.

*

Verfolgt man, quasi stichprobenartig, das Thema Judentum durch Steiners Leben, zeigt sich eine erstaunlich klare Linie. Schon der junge Steiner hatte sich, wie neuere Forschungen zeigen, mit Literatur zum Thema eingedeckt.[4] Offenbar studierte er auch sofort das 1881 erschienene Buch eines antisemitischen Vordenkers, des Philosophen Eugen Dühring *Die Judenfrage als Racen-, Sitten- und Culturfrage.* Das Urteil des Zwanzigjährigen ist ebenso spontan wie vernichtend. Dührings Anschauungen seien, schreibt er in einem Brief, „barbarisch und culturfeindlich, zuweilen sogar roh. Seine

Schriften über die Juden und über Lessing sind die strengsten Consequenzen seiner beschränkten, egoistischen Philosophie. Damit ist genug gesagt."

Zwanzig Jahre später treffen wir denselben Steiner im *Verein zur Abwehr des Antisemitismus*. Für dessen *Mitteilungen* und auch für das von ihm selbst redigierte *Magazin für Litteratur* schreibt er 1900/01 eine ganze Serie an Artikeln zum Thema. Sie lassen an Deutlichkeit nichts zu wünschen übrig. „Ob einer Jude war oder nicht: das war mir immer ganz gleichgültig." Antisemitismus deute auf „mangelhaftes ethisches Urteilsvermögen" hin. Und grundsätzlicher:

> „Der Kulturhistoriker der letzten Jahrzehnte des neunzehnten Jahrhunderts – ob auch der ersten des zwanzigsten? – wird zu untersuchen haben, wie es möglich war, dass im Zeitalter des naturwissenschaftlichen Denkens eine Strömung entstehen konnte, die jeder gesunden Vorstellungsart ins Gesicht schlägt. Wir, die wir mitten in den Kämpfen leben und gelebt haben: wir können nur mit Schaudern Revue halten über eine Anzahl von Erfahrungen, die uns der Antisemitismus bereitet hat."[5]

Wiederum zwanzig Jahre später findet sich Steiner in der kuriosen Lage vor, *selbst* immer wieder als verkappter Jude bezeichnet zu werden. Einer der Angriffe kam 1920 von einem Göttinger Professor, der Steiner durch eine solche Zuschreibung zu diskreditieren versuchte. Dessen Verteidigung war immer völlig souverän. Er ließ sich überhaupt nicht auf das Niveau der Gegner ein, indem er etwa erklärt hätte, kein Jude sein zu wollen. Vielmehr: „Ich brauche wohl nicht zu sagen, dass ich selbst keinen Wert auf meine Abstammung von diesem Gesichtspunkt aus lege." Nur entspreche es eben (angesichts seines katholischen Hintergrunds) nicht den Tatsachen und stelle der wissenschaftlichen Gewissenhaftigkeit jenes Professors ein schlechtes Zeugnis aus.

Diese eindeutige Linie war indes nicht zu verwechseln mit einem diffusen, gedankenlosen Philosemitismus. Das zeigt sich besonders scharf in Steiners Position zum Zionismus. Dessen zentrale Gestalt, Theodor Herzl, war praktisch gleich alt wie Steiner. 1896 veröffentlichte Herzl seine Schrift *Der Judenstaat*, in der er seine Vorstellung eines eigenständigen jüdischen Nationalstaates skizzierte. Schon im folgenden Jahr nahm diese Idee auf dem *1. Zionistischen Weltkongress* in Basel konkrete Gestalt an. Steiner reagierte darauf mit einem kritischen Artikel über *Die Sehnsucht der Juden nach Palästina*. Sein Einwand:

> „Sie wenden ihr Auge ab von den großen Fortschritten, welche die Emanzipation der Juden in den letzten Jahrzehnten gemacht hat, und sehen nur, dass sie noch von so und so vielen Stellen ausgeschlossen, in so und so vielen Rechten verkürzt sind…"

Ein zukunftsweisender Weg, so Steiner, liege nicht im Ausweichen in eine eigene Staatsbildung, sondern in einem gleichberechtigten Zusammenleben innerhalb der bestehenden Staaten. Im Hintergrund spielte zweifellos schon damals ein Gedanke eine Rolle, den Steiner später in aller Klarheit formulierte: dass politische, staatliche Formen nicht an Fragen der *Abstammung* oder *religiöser Zugehörigkeit* gekoppelt werden dürften (ein Grundgedanke der Dreigliederung, siehe Kapitel 10). Genau dies aber war der Kern des Zionismus. Entsprechend sah Steiner in ihm einen fragwürdigen, rückwärtsgewandten Ansatz. Einem jungen Zionisten erwiderte er:

„Solch eine Sache ist heute gar nicht zeitgemäß; denn heute ist dasjenige zeitgemäß, dem jeder Mensch, ohne Unterschied von Rasse und Volk und Klasse und so weiter sich anschließen kann."

Steiners Position – bürgerliche Gleichstellung statt separater nationaler Bestrebungen – wurde bekanntlich von vielen Juden geteilt, und sie war auch in den innerjüdischen Debatten die entscheidende Gegenposition zum Zionismus. Das lässt sich bis in die Hitlerzeit verfolgen. Victor Klemperer etwa, der als Professor in Dresden den übelsten antisemitischen Schikanen ausgesetzt war, konnte dennoch seinen Widerwillen gegen den Zionismus nicht überwinden, in dessen ethnisch-religiöser Ausrichtung er eine „Blutschnüffelei", ein „Zurückschrauben der Welt" sah. Noch 1934 notierte er in sein später berühmt gewordenes Tagebuch: „Mir sind die Zionisten, die an den jüdischen Staat von anno 90 p. C. (Zerstörung Jerusalems durch Titus) anknüpfen, genauso ekelhaft wie die Nazis."

Nach dem Holocaust mag man diese Dinge auch unter anderen Gesichtspunkten sehen. Grundsätzlich aber ist die Auffassung, dass eine politische Ordnung der Welt nach völkisch-konfessionellen Unterschieden überholt ist und fast zwangsläufig zur Unterdrückung oder Vertreibung von Minderheiten führen muss, sehr gut begründet und historisch hundertfach bewiesen. Insofern lässt sich auch der Antizionismus, gleich ob von nichtjüdischer oder jüdischer Seite, als Ausdruck einer legitimen, aufgeklärten politischen Haltung verstehen. Ihn mit Antisemitismus zu verwechseln, zeigt eine Unfähigkeit zu klarem Denken.

Allerdings, ein Aspekt, der in den heutigen Diskussionen um Steiner immer wieder eine Rolle spielt, ist zu ergänzen.

Steiner hielt nicht nur nationale Sonderbestrebungen wie den Zionismus für problematisch, er wandte sich auch gegen eine gruppenhafte Abschließung innerhalb der jeweiligen Gesellschaft, wie sie etwa in der verbreiteten Forderung zum Ausdruck kam, möglichst innerhalb der eigenen Gemeinschaft zu heiraten. Anders gesagt: Er befürwortete eine Assimilation. In einem Artikel des jungen Steiner mündete dies in der Tat in drastische Formulierungen. Es war die Besprechung eines Werkes des damals vielgelesenen Robert Hamerling, des satirischen Epos *Homunkulus*, das in einer Episode die jüdische Thematik berührte. In diesem Kontext nun schrieb der 27-Jährige Sätze, die von heutigen Steiner-Kritikern bei jeder passenden und unpassenden Gelegenheit zitiert werden:

> „Das Judentum als solches hat sich aber längst ausgelebt, hat keine Berechtigung innerhalb des modernen Völkerlebens, und dass es sich dennoch erhalten hat, ist ein Fehler der Weltgeschichte, dessen Folgen nicht ausbleiben konnten. Wir meinen hier nicht die Formen der jüdischen Religion allein, wir meinen vorzüglich den Geist des Judentums, die jüdische Denkweise. … Juden, die sich in den abendländischen Kulturprozess eingelebt haben, sollten doch am besten die Fehler einsehen, die ein aus dem grauen Altertum in die Neuzeit hereinverpflanztes und hier ganz unbrauchbares sittliches Ideal hat. Den Juden selbst muss ja zuallererst die Erkenntnis aufleuchten, dass alle ihre Sonderbestrebungen aufgesogen werden müssen durch den Geist der modernen Zeit.“[6]

Auch dies war im Kern eine Position, die vielfach in der innerjüdischen Debatte vertreten wurde. Dennoch konnte sie, aus dem Mund eines nichtjüdischen Autors, den Verdacht der Judenfeindschaft wecken. Und weckte ihn auch wirklich: Noch im Alter, in seinem Lebensrückblick, schildert Steiner, wie betroffen Ladislaus Specht, in dessen Familie er als Hauslehrer arbeitete, auf diese Zeilen reagierte.

In Steiners Selbstverständnis war hier nur etwas ausgesprochen, das eben eine Grundtendenz der Menschheitsentwicklung sei: das Herauswachsen aus tradierten, abstammungsmäßigen „Sonderbestrebungen" hin zu freien, offenen Gemeinschaftsbildungen. Ähnlich drastisch hatte er sich im Übrigen zur gleichen Zeit auch in Richtung der kirchlichen Traditionen geäußert; „alle Offenbarungsreligionen", so seine radikale Formulierung, hätten „abgewirtschaftet". – Missverständlich blieb die Wendung vom „Geist des Judentums", die durchaus in antisemitische Raster passen konnte. Dass sie bei Steiner jedenfalls nicht so zu decodieren war, wurde spätestens deutlich, als er kurz nach der zitierten Passage scharf die Antisemiten angriff, als die Partei, „die neben der Eignung zum Toben und Lärmen nichts Charakteristisches hat als den gänzlichen Mangel jedes Gedankens".

An dieser Stelle darf man einen verwunderten Seitenblick auf die Steiner-Kritik werfen, die dieses zweite Zitat, das zur Einordnung der Sache unentbehrlich ist, praktisch durchweg verschweigt. Auch der weithin als Steiner-Experte geltende Historiker und Theologe Helmut Zander bringt es fertig, mehr als drei Seiten über die Homunkulus-Episode zu schreiben, ohne Steiners Attacke gegen die Antisemiten zu erwähnen.[7] Lässt er es bewusst weg? Oder hat er den Artikel gar nicht ganz gelesen und kolportiert nur die bekannte „Stelle"?

Wie klar und geradezu unerschütterlich Steiners universalistische und humanistische Haltung war, zeigte sich gleichsam in einem anderen historischen Test: während der Dreyfus-Affäre. In dieser ungeheuren, ganz Frankreich und halb

Europa über Jahre aufwühlenden Affäre ging es vordergründig nur um einen einzelnen Menschen, den französischen Offizier Alfred Dreyfus, der beschuldigt wurde, militärische Geheimnisse an Deutschland verraten zu haben. Von Beginn an aber wurde eine grundsätzlichere Frage mitverhandelt: die, ob ein jüdischer Angeklagter angesichts antisemitischer Massenstimmungen ein faires Verfahren bekommen würde. Steiner: „Trocken und nüchtern will ich sagen, was ich meine: Ich habe den Kapitän Dreyfus immer für unschuldig gehalten."

Das war zu diesem Zeitpunkt, 1897, eine äußerst ungewöhnliche Aussage. Ein Großteil der französischen Presse hatte den elsässischen Hauptmann längst vorverurteilt, die deutschen Intellektuellen wanden sich. Einer der prominentesten, Maximilian Harden, gab zum Besten, die französischen Juden hätten, indem sie Dreyfus verteidigten, die Antisemiten erst aufgestachelt. Und der bis heute vielgerühmte Karl Kraus fand die ganze Sache überbewertet und fragte sich, wie „für oder gegen die Schuld eines unbedeutenden Menschen" eine solche „Agitation" entfesselt werden konnte.

Steiner war einer der wenigen, die erfassten, dass dieses Einzelschicksal, „die Behandlung des Hauptmanns, der auf der Teufelsinsel schmachtet", tatsächlich die ganze Welt anging, dass hier etwas Exemplarisches durchgefochten wurde. Dem Argument, man möge sich nicht in die politischen Angelegenheiten der Nachbarn einmischen, stellte er den schlichten Satz entgegen: „Über aller Staatsnotwendigkeit steht die Menschlichkeit, der ihr Recht werden muss." Als schließlich, endlich, Emile Zola das Wort ergriff und seine glühende Anklage gegen die französische Justiz formulierte, war Steiner erneut zur Stelle: „Zolas Persönlichkeit scheint mit jedem Tage vor uns zu wachsen. Es ist, als lernten wir ihn erst jetzt ganz verstehen." Zola musste für sein *J'accuse!* vorübergehend ins Exil gehen, Dreyfus wurde erst 1906, nachdem seine Unschuld längst erwiesen war, rehabilitiert.

Vielleicht war es kein Zufall, dass Steiner die Hintergründe der Dreyfus-Verurteilung so früh durchschaute, die eben nicht nur eine Rechtsbeugung war, sondern Ausdruck einer tieferen kulturellen Verschiebung, man könnte sagen, einer Beugung des klaren Denkens und der Urteilskraft. Genau dieses Phänomen hatte nämlich Steiner als Student in Wien in seiner Umgebung selbst beobachtet, als in den 1880er-Jahren die erste große Welle des modernen Antisemitismus durch Europa ging; und eben gerade nicht in Form einer bewussten weltanschaulichen Neuorientierung, sondern quasi subkutan. Steiner schilderte dies 1901 in einem Artikel unter dem Titel *Verschämter Antisemitismus*:

> „Keiner der eben ins antisemitische Lager Übergegangenen wagte es, gegen seine ehemaligen liberalen Grundsätze im Ernste etwas vorzubringen. Jeder behauptete vielmehr: im Wesen bekenne er sich nachher wie vorher zu diesen Grundsätzen, was aber die Anwendung dieser Grundsätze auf die Juden betreffe, ja … Und nun folgte eben irgendeine Phrase, die jedem gesunden Denken ins Gesicht schlug. Durch den Antisemitismus ist die Logik entthront worden."[8]

Man wird kaum irgendwo aus jenen Jahren eine atmosphärisch so dichte Beschreibung der mentalen Korrumpierung finden, die überhaupt erst den Boden für das bereitete, was Jahrzehnte später die mörderische Dynamik des Nationalsozialismus ermöglichte. – Steiner war zu diesem Zeitpunkt bereits tot. Allerdings – auch dies gehört ins Bild – auch die von ihm gegründete Anthroposophische Gesellschaft lavierte ohne klare Haltung in die Hitler-Jahre hinein. Die zahlreichen jüdischen Mitglieder gerieten unter extremen Druck, der Vorsitzende der deutschen Landesgesellschaft Hans Büchenbacher, nach Nazi-Begriffen „Halbjude", zog sich zurück, um die ideologischen Reibungspunkte zu verringern, dennoch wurde die Gesellschaft 1935 verboten. Ihre Mitglieder zeigten im Einzelnen das ganze Spektrum an Verhaltensweisen, von klarsichtigem Widerstand über stille Anpassung bis zu aktiver Mitarbeit im NS-Regime.

Schaut man aufs Gesamtbild und auf die Ausgangsfrage nach Steiners angeblichem Antisemitismus, ergibt sich ein für manche überraschender Befund: Entgegen dem, was eine laute Gemeinde an Steiner-Gegnern suggeriert, war dieser ein geradliniger, standfester Gegner judenfeindlicher Tendenzen. Es gibt keinen Grund, jedes Wort und jeden Zungenschlag Steiners zu verteidigen, es gibt indes allen Grund, seinen intellektuell wachen, realitätsnahen Humanismus zur Kenntnis zu nehmen. Man muss schon einen beachtlichen Willen zur Verzerrung der Wahrheit aufbringen, um die Dinge in einem anderen Licht darzustellen.

*

Über Differenzen in der Menschheit zu sprechen, über die Unterschiede zwischen Kulturen, Völkern, vielleicht auch Rassen, war schon zu Rudolf Steiners Zeiten nicht immer einfach; schon er merkte an, dass Menschen dabei leicht „entrüstet werden könnten". Heute ist es eines der brisantesten Themen überhaupt.

Im Kern stehen sich zwei Grundpositionen gegenüber. Die eine möchte von solchen Differenzen im Grunde nichts wissen, hält das alles für bloße mentale Konstrukte und verweist gern auf die vermeintliche wissenschaftliche Neuigkeit, dass es Rassen gar nicht gebe.[9] Die andere hält die Differenzen für offensichtlich und für mehr oder weniger unveränderlich und verwirft alle anderslautenden Ansichten als romantisches oder ideologisch motiviertes Gerede. In politischen Kategorien werden sich die einen in der Regel als progressiv, als „links“ verstehen, die anderen wohl weniger gern als reaktionär und „rechts“, in der Tendenz sind sie es aber.

Rudolf Steiner nun nimmt in diesem Koordinatensystem eine ungewöhnliche Stellung ein. Er *sieht* die Differenzen, sie interessieren ihn sogar intensiv, weil er ihnen eine Bedeutung für die menschheitliche Entwicklung zuschreibt. Zugleich aber, das klang schon an, hat er keine Neigung, Menschen in ihrem individuellen Wesen auf solche Zugehörigkeiten festzulegen. Eine Distanz in dieser Beziehung ergibt sich allein schon aus dem Reinkarnationsdenken, das Steiners Weltsicht grundiert. Es ist eine Anschauung, in der eine menschliche Individualität nicht ein für alle Mal etwas Bestimmtes *ist*, sondern quer durch Zeiten und Kulturen unterschiedliche Existenzen durchläuft; keine gute Basis für Rassismus. Unabhängig davon aber ist Steiner durch und durch ein Denker der individuellen Selbstbestimmung. Schon in seiner frühen *Philosophie der Freiheit*, lange bevor er über Reinkarnationen spricht, durchdenkt er bis ins Letzte, was es bedeutet, wenn der Mensch die Gegebenheiten seines Daseins immer mehr mit Bewusstsein durchdringt, also all den Bestimmungsfaktoren aus Natur und Konvention immer freier und souveräner gegenübertritt.

Im Kern also verbindet Steiners Ansatz zwei scheinbar gegensätzliche Elemente: auf der einen Seite einen Sinn für die natürlichen und kulturellen Dispositionen, in die ein Mensch hineingeboren wird; auf der anderen Seite den alles überwölbenden Gedanken, dass Menschen gerade *nicht* bloß ein Ausdruck, eine Funktion dieser bestimmenden Faktoren sind, sondern sich bewusst zu ihnen stellen können, ja gerade darin ihr Menschsein und ihre Freiheit verwirklichen. – Dies ist, in Kurzfassung, Steiners doppelte Optik auf die *Condition humaine*. Buchstabiert man die Dinge genauer aus, stößt man indes auch hier wieder auf komplexe, nicht einfach zu besprechende Fragen.

Fragwürdig erscheint manchen allein schon die Tatsache, dass Steiner eine Art menschheitliches Entwicklungs- und Fortschrittsdenken vertritt, und dies nicht nur in einem vagen, allgemeinen Sinn, sondern mit sehr konkreten Linien und Konturen. Demnach kann es im Lauf der Zeiten durchaus – man kann das ungerecht oder asymmetrisch finden – besondere Entwicklungen oder Ereignisse geben, die an *einer* Stelle stattfinden, mit einer bestimmten Kultur verknüpft sind, und die dennoch womöglich die ganze Menschheit angehen. In Steiners Augen ist insbesondere das „Christus-Ereignis" eine solche einmalige und zugleich weltbedeutende Tatsache. Es entstand aus dem Schoß einer spezifischen, bis dahin nicht eben auffälligen Tradition, der jüdischen, und es hat trotzdem das Gefäß dieser Herkunft auf erstaunliche Weise überschritten. Offenkundig fühlten nicht wenige Menschen damals, dass hier nicht nur ein weiterer Gott oder Gottessohn aufgetreten war, an denen es in der Antike keinen Mangel gab, sondern dass hier etwas menschheitlich Neues geschehen war, das über die alte Götterlogik hinausging.

Auf andere Weise sieht Steiner auch in dem, was sich in der europäischen Neuzeit seit dem 15. Jahrhundert abspielte, einen neuen, nie dagewesenen Vorstoß. Gewiss hatte es auch früher, bei Indern, Chinesen, Griechen, bedeutende Ideen und Erkenntnisse gegeben, niemals aber hatte sich eine so durchgreifende mentale Verschiebung vollzogen wie im neuzeitlichen Europa. Während etwa die frühe Menschheit weithin in der Empfindung lebte, dass ihr bestimmte Einsichten im Grunde von höheren Mächten *gegeben* würden, setzt der neuzeitliche Mensch ganz auf seine eigenen Kräfte. Der heutige Schriftsteller vertraut nicht auf die Gunst der Musen, sondern auf seine „Kreativität". Und genau dies war ja Kants berühmte aufklärerische Forderung: sich des „eigenen Verstandes zu bedienen". Entsprechend wurden jetzt auch die alten Offenbarungen jener höheren Mächte einer scharfen Untersuchung durch den kritischen Menschenverstand unterzogen. Rudolf Steiner hat das Phänomen einmal in den Satz gefasst: „Erst seit wenigen Jahrhunderten wird von unten nach oben gedacht und nicht mehr von oben nach unten." Auch diese Veränderung hat, so sehr sie heute universalen Charakter hat, einen konkreten zeitlichen und räumlichen Ausgangspunkt, im Europa des 15. bis 18. Jahrhunderts.

Zweifellos kann man in solchen Tatsachen etwas Störendes, eine historische Einseitigkeit sehen. Bedeuten sie doch, dass es in der Entwicklung der Menschheit nicht eine durchgehende Synchronität, ein schönes Nebeneinander der Kulturen gibt, sondern – zumindest manchmal – auch pionierhafte Entwicklungen, wenn man so will Vorläufer und Nachzügler. Das hört nicht jeder gern.

Diese Hintergründe wird man sehen müssen, wenn man manche heute anstößig wirkende Äußerungen Steiners einordnen möchte. Wenn er etwa von „mancher wilden Völkerschaft" spricht oder wenn er das „selbständige Denken" der Europäer betont und ziemlich grob hinzufügt „das haben die Asiaten nicht", dann steht dahinter ein Empfinden davon, dass im europäischen Raum Entwicklungen stattgefunden haben, die in der ganzen Menschheit veranlagt sind, sich aber doch hier zuerst durchsetzten. Das heißt nicht, dass etwa die zeitweise fast weltbeherrschende nordeuropäische Kultur per se überlegen wäre. Man muss nur 2000 Jahre zurückgehen, da waren die dortigen Völker in vieler Hinsicht die Lernenden und es gab, mit Steiners Worten, eine „Befruchtung der germanischen Kultur durch Semitismus und Christentum". Und gehen diese Prozesse nicht ständig weiter? Könnte man nicht auch eine Äußerung Peter Sloterdijks in diesem Lichte sehen, der mit Blick auf das heutige westliche Interesse an der indischen Geisteswelt von einer „Osterweiterung der Vernunft" sprach? Es ist, menschheitlich gesehen, ein Spiel mit wechselnden Rollen. So wird auch verständlich, dass Steiner unmittelbar nach jener Äußerung über „die Asiaten" hinzufügen kann: „Es ist einmal so beim Menschengeschlecht, dass die Menschen über die Erde hin eigentlich alle aufeinander angewiesen sind. Sie müssen einander helfen." – Spricht so ein Rassist? So spricht wohl eher einer, der sich für die vielfaserigen kulturellen Wege und Wechselwirkungen interessiert und den Gang der Menschheit durch die Zeiten so verstehen möchte, wie er *ist*, nicht so, wie man ihn nach gewissen inneren Postulaten gerne hätte.

Selbstverständlich kann man ein solches Entwicklungsdenken von vornherein zurückweisen, so wie dies eine starke Strömung in den heutigen Debatten verlangt, die hier – verständlicherweise – die Gefahr von Wertungen und Hierarchisierungen sieht. Sie möchte alle evolutiv angelegten Kategorien ausschließen, die ja leicht zu Prädikaten wie „fortgeschritten" oder „rückständig" führen.

Aber entkommt man damit dem Problem? Wären die Verfechter dieser Linie nicht die Ersten, die etwa einen schlichten wortgläubigen Bibelchristen als irgendwie naiv und unaufgeklärt empfänden – also mit klaren Wertungen belegten? Sie hätten eben mit Recht den Eindruck, dass hier etwas Wichtiges, ein freies kritisches Denken, sozusagen noch nicht angekommen ist. Anders gesagt: Sie vermissen genau jenen neuzeitlichen Bewusstseinswandel, den sie sonst als Maßstab ablehnen. Gerade *sie* sind Kinder der Neuzeit – und nicht ihre intelligentesten. Denn zeugt es nicht von einem geradezu plumpen Fortschrittsdenken zu meinen, just in der eigenen Lebenszeit sei der Durchbruch zu einem „richtigen" politisch korrekten Umgang mit diesen Fragen gelungen?

Bezeichnenderweise finden auch dort, wo die Gleichwertigkeit aller Traditionen am lautesten proklamiert wird, die *realen* Traditionen das geringste Verständnis, werden etwa als patriarchalisch, frauenfeindlich oder autoritär eingestuft. Eigentlich wirkt dann, im Vergleich zur eigenen klinischen Korrektheit, alles nur wie kulturelles Gerümpel.

Eine solche – ahistorische, kulturell blinde – Optik wird denn auch völlig hilflos vor einer geistig-kulturellen Gedankenwelt wie der Rudolf Steiners stehen, sie wird deren Vielfalt im Grunde als verstörend empfinden. Stattdessen wird sie möglichst einfache Merkmale suchen, um das Ganze zu beurteilen, etwa den Gebrauch bestimmter Wörter wie „Rasse" oder „Volksgeist", die sie für indiskutabel hält. Ganz auf Äußerlichkeiten fixiert, wird sie auch jeden komplexeren Gedanken missverstehen. Steiners Aussage etwa, der menschheitliche Beitrag der jüdischen Kultur sei mit der Entwicklung des Monotheismus und dem Christus-Impuls gewissermaßen abgeschlossen, wird sie in grotesker Weise in die Gegenwart projizieren: so als würden damit heute lebende Juden abgewertet. Implizit werden damit die (schon zu Steiners Zeit) auffällig vielen Anthroposophen mit jüdischem Hintergrund für verrückt erklärt, und es bleibt auch unerklärlich, dass etwa die Waldorfschulen gerade in jüdischen Milieus, von Israel bis New York, größten Zuspruch finden.

Letztlich wird man in der Rassismusfrage – bei Steiner oder anderen – immer an der Oberfläche bleiben, wenn man nicht eine zentrale Unterscheidung trifft: Gibt es erstens bei dem betreffenden Autor beziehungsweise der Autorin bestimmte fragwürdige oder gar rassistische Äußerungen? Und ist zweitens das betreffende Weltbild in seiner ganzen *Anlage und Richtung* rassistisch?

Auf Steiner angewendet: Ja, es gibt in seinem Riesenwerk etliche Stellen, die ein kulturell sensibler Mensch heute nicht verteidigen wird. Man kann Tausende Seiten Steiner lesen, ohne ihnen zu begegnen, aber wenn man sie aktiv aufsucht, findet man sie (insbesondere in den markiger formulierten Vorträgen für die Arbeiter am Goetheanum-Bau). Hinzu kommen sprachliche Irritationen. So übernahm Steiner nach seiner Zuwendung zur Theosophie 1902 zunächst deren Begriff der *root races*, was in der deutschen Übersetzung – „Wurzelrassen" – Magengrimmen auslösen kann; später sprach er, weil es letztlich um einander ablösende Phasen geht, lieber von „Epochen". Bei manchen Steiner-Äußerungen wird man auch einräumen können, dass – außer der berechtigten Thematisierung von Unterschieden – zeittypische Stereotype etwa über Schwarze nachwirken und die geistige Entwicklung Europas zu einseitig als „höher" und zukunftsweisend wahrgenommen wird.[10] – Dennoch ist die zweite Frage klar zu verneinen. Steiners Denkweise ist in ihrem ganzen Ansatz gerade *nicht* darauf angelegt, Menschen in kollektive Identitäten hineinzudrücken, sondern sie aus ihnen zu lösen. Er beschreibt dies geradezu als die Schwelle, vor der die heutige Menschheit steht: den Übergang von kollektiv-physischen zu individuell-geistigen Kategorien zu bewältigen, aber eben nicht in einem Hauruck-Verfahren, das die Unterschiede wegdrückt, sondern in einem reflektierten Prozess, der das Bisherige aufnimmt und in menschheitliche Horizonte führt.

Das wohl klarste Indiz dafür, dass Steiner himmelweit von den Rasse-Ideologien seiner und der nachfolgenden Zeit entfernt ist, liegt darin, dass deren zentrale Kategorie, die vom „Kampf der Rassen", bei ihm völlig fehlt. Entsprechend fehlen auch alle typischen Merkmale solcher Ideologien: Untergangsängste, Reinheitsideale und Dominanzfantasien, ja dem Rassebegriff selbst wird jeder Absolutheitscharakter abgesprochen: „Die Rassen sind entstanden und werden einmal vergehen", formuliert Steiner im erwähnten *Volksseelen*-Zyklus. „Schon am Ende unseres fünften Zeitalters", schreibt er an anderer Stelle, werde „das Wort ,Rasse' wieder allen Sinn verlieren". Eilige Weltverbesserer werden nicht gern hören, dass Steiner das Ende dieses Zeitalters um das Jahr 3500 ansetzt. Aber schon für die Gegenwart gilt: „Ein Mensch, der heute von dem Ideal von Rassen und Nationen und Stammeszugehörigkeiten spricht, der spricht von Niedergangsimpulsen der Menschheit."

Diesem Gesamtbild – angreifbare Einzelaspekte, die aber nicht das Fundament des Weltbildes berühren – entspricht auch das Ergebnis einer niederländischen Menschenrechtskommission, die von 1996 bis 2000 das Thema *Anthroposophie und die Frage der Rassen* untersuchte. Sie fand in Steiners Werken und Vortragsmitschriften 16 Stellen, die heutigen Menschenrechtsnormen widersprechen, und 67 weitere, die missverständlich seien – auf 89 000 Seiten. Unabhängig von der Stellen-Zählerei war das qualitative Fazit eindeutig:

> „Anthroposophie und Sozialdarwinismus widersprechen sich. Unterstellungen, Rassismus wäre der Anthroposo-

phie inhärent oder Steiner wäre in konzeptioneller Hinsicht ein Wegbereiter des Holocaust, haben sich als kategorisch unrichtig erwiesen. Die Kommission kommt zu der festen Überzeugung, dass Rudolf Steiner im Vergleich zu anderen Vorkriegsautoren und Autoren des 19. und 20. Jahrhunderts (etwa Hegel oder Albert Schweitzer) das Opfer selektiver Entrüstung geworden ist.“[11]

Natürlich kann man trotzdem, wie es manche Steiner-Kritiker tun, die 16 + 67 = 83 Stellen in Bandschleife wiederholen, um Steiner als Reaktionär und sich selbst als progressiv darzustellen.

*

Vielleicht gibt es sogar noch eine tieferliegende Ursache für die Gereiztheit, ja Feindseligkeit gegenüber der Anthroposophie. Sie könnte darin liegen, dass diese einen ungelösten Widerspruch der Epoche offenlegt. Es ist eine Epoche, die zum einen ganz in der Anschauung lebt, die materiellen Wirklichkeiten für die einzigen oder jedenfalls entscheidenden zu halten, und die zum anderen ein intensives, alles durchziehendes Freiheitsverlangen entwickelt hat. Zwischen beiden Komponenten aber besteht, sobald es um den Menschen geht, ein extremes Spannungsverhältnis. Denn als Mensch bin ich, ob ich es will oder nicht, in körperlicher Hinsicht in höchstem Maß festgelegt. In meinem Geschlecht, vielen physischen Eigenschaften und einer bestimmten Hautfarbe bin ich auf geradezu freiheitsraubende Weise definiert. Freiheit ließe sich, wenn überhaupt, nur auf anderen Ebenen generieren. Weil aber diese Epoche keine anderen Ebenen sieht und kennt, beißt sie sich förmlich daran fest, auch die körperliche Ebene in einen Raum der Freiheit umbiegen zu wollen. Dies erklärt ein ganzes Feld an heutigen Debatten. Die geschlechtliche

Identität, in der es gewiss Übergänge geben kann, wird von manchen als geradezu variabel und wählbar imaginiert, und die Gestaltung des eigenen Körpers durch Diäten oder gar Operationen beschäftigt ganze Industrien. Kaum beeinflussbare Faktoren wiederum wie die Hautfarbe werden als Thema tabuisiert oder immer neuen Sprachregelungen unterworfen. Zu welchen gut gemeinten Komplikationen all dies führen kann, zeigte schon vor Jahren das Sprechen über „Behinderungen". Es ist ein verständlicher Reflex, dass manche Betroffene die Camouflage verweigern und sich, umso schroffer, „Krüppel" nennen. Noch aber dämmert nur wenigen, welche grundsätzlichere Einsicht in alldem aufleuchtet: Freiheit beginnt nicht dort, wo Dinge verschleiert, sondern wo sie klar gesehen werden.

Die Anthroposophie nun bringt diese Thematik in einer heute unerwünschten Offenheit zur Sprache. Denn einerseits nimmt sie die konkrete Existenz eines Menschen völlig ernst und hält dessen Hineingehen in genau diese Inkarnation für bedeutungsvoll. Zum anderen vertritt sie eine profunde Freiheitsbotschaft, indem sie dem Menschen die Fähigkeit zuspricht, gerade im *Bewusstsein* der „karmischen" Bedeutung seiner Lebenskonfiguration eine freie und selbstbestimmte Existenz zu erreichen. Dies alles von der Anschauung getragen, dass die menschliche Seele, auch wenn sie in bestimmte Inkarnationen hineingeht, letztlich „ganz andern Ordnungen und ganz andern Zusammenhängen angehört, als diejenigen sind, die sich im leiblichen Wesen ausdrücken."[12]

Unsere Epoche nun will weder das eine noch das andere hören. Allein der Gedanke, dass eine vielleicht schwierige Existenz tiefere Hintergründe haben könnte, wird als empörend empfunden, so als werde damit menschliches Elend gerechtfertigt oder gar den Einzelnen die „Schuld" daran zugeschoben. Und von *dieser* Art Freiheit möchte man schon gar nichts wissen. Muss sie doch einer auf materielle Wirklichkeiten fixierten Epoche als billiger Trost und Ablenkung erscheinen. Der Gedanke, dass in dieser Doppelanschauung von Karma und Freiheit womöglich schlicht eine Art Organisationsform der Welt angesprochen wird, die man nicht mögen muss, aber ungefähr so nüchtern betrachten könnte wie manche physikalischen Weltgesetze, kommt auf diese Weise nicht einmal in Sichtweite.

Die Anthroposophie lässt sich mit dieser Empörungsoptik immer nur als Zerrbild wahrnehmen. Gesehen wird nur, dass sie in einer scheinbar skandalösen Weise von der möglichen Bedeutung konkreter Lebenstatsachen spricht, auf der individuellen Ebene, bei Krankheit und Schicksalsschlägen, und auch im historischen Gewebe der Völker und Kulturen. Nicht gesehen wird dagegen ihr zentrales Anliegen: der Versuch einer *Objektivierung* auch dort, wo eine kühlere Betrachtung schwerfällt. Tatsächlich könnte diese Objektivierung nur gelingen, wenn auch die *Grundlagen* der Anthroposophie in den Blick kämen, also die Aspekte, die erst die misslichen Weltwirklichkeiten in eine größere Perspektive stellen und neu beleuchten könnten. Diese Grundlagen aber bleiben in den heutigen Debatten über die Anthroposophie praktisch unsichtbar oder werden nicht ernstgenommen. Wenn etwa Rudolf Steiner davon spricht, man könne das, was einzelne Weltregionen zur Menschheitsentwicklung beitragen, „in einer Art geistiger Geografie schildern, insbesondere das Zusammenwirken der östlichen und westlichen Impulse", dann wird das von vielen Steiner-Kritikern als bloße Rhetorik abgetan, die seinen Eurozentrismus verdecken solle. Und wenn er feststellt, „dass wir mit dem innersten Kern unseres Wesens in den aufeinanderfolgenden Zeiten in den verschiedensten Rassen, in den verschiedensten Völkern inkarniert werden", dann lesen sie das so, als wolle er damit seiner erbarmungslosen Karma-Lehre die Spitze nehmen, während er im Gegenteil gerade ihre Grundlage andeutet.

Letztlich bewahrheitet sich schlicht seine Aussage, „dass über diese Dinge auf keinem anderen Boden als auf dem Boden der Geisteswissenschaft gesprochen werden kann". Werden sie hingegen, wie heute, unter materialistischen Vorzeichen besprochen, kann nichts anderes herauskommen als erregte Debatten, die von dem Irrglauben bestimmt sind, man müsse menschliche und kulturelle Unterschiede ausblenden, um humanen Idealen gerecht zu werden, während die eigentliche Logik eine völlig andere wäre: Humanität entsteht nicht, indem Menschen starre Gleichheitsideale vor sich hertragen, sondern indem sie sich in ihrer Verschiedenheit verstehen und achten lernen. Gerade dann kann sich das, was die Menschheit ist oder jedenfalls sein könnte, in seinem vollen Reichtum zeigen.

Diese Logik aber findet bis heute keinen Weg ins Bewusstsein. Tatsächlich würde dies ja bedeutende mentale Neuorientierungen voraussetzen, gegen die sich unsere Epoche in tausend Formen abschottet. Statt sich den tiefen, komplizierten Wirklichkeiten zuzuwenden, redet sie sich ein, die Dinge an der Oberfläche, mit schönen Worten und Programmen, regeln zu können. Was niemals gelingen kann. Es sei, sagt Steiner einmal, „schon etwas gegen die Bequemlichkeit der Menschen, was da herein will von Zeit zu Zeit in die menschliche Kulturentwickelung".[13] Das, was da „herein will", versucht die Anthroposophie in Worte zu fassen. In gewisser Weise ist sie dieser Zeit damit fremd und unbequem. Und ist ihr umso notwendiger.

8.
Neumanns Unbehaglichkeit
Zur schwierigen Nachbarschaft von Religion und Anthroposophie

In seinem Rückblick *Mein Lebensgang* schildert Rudolf Steiner eine aufschlussreiche Episode, die in seinen frühen Jahren in Wien spielt. Damals verkehrte der Mittzwanziger in dem Kreis um die junge Dichterin Marie Eugenie delle Grazie und den freisinnigen Theologen und Philosophen Laurenz Müllner, der später Rektor der Universität Wien wurde. Hier begegnete er auch weiteren profilierten Kirchenmännern wie dem Zisterzienser Wilhelm Neumann, ebenfalls Professor und von einer so bewundernswerten Bildung, dass Müllner über ihn sagte, er kenne „die ganze Welt und noch drei Dörfer".

Einmal, auf dem Heimweg nach einem der Treffen, sprachen Steiner und Neumann über die Wesenheit Christi. Im Kern lebte wohl in Steiner schon damals die Anschauung, dass hier Menschliches und Göttliches genau zu unterscheiden seien. In den Menschen Jesus sei, so formulierte er es später, zu einem bestimmten Zeitpunkt der *Christus* eingezogen, „ein kosmisches, ein überirdisches Wesen", und lebe seitdem „als eine geistige Wesenheit" mit der Menschheit.

> „Dies Gespräch … war für mich tief bedeutsam. Es unterredeten sich damals eigentlich drei. Professor Neumann und ich und ein dritter Unsichtbarer, die Personifikation der katholischen Dogmatik, die sich wie drohend, dem

geistigen Auge sichtbar, hinter Professor Neumann, diesen begleitend, zeigte, und die stets ihm verweisend auf die Schulter klopfte, wenn die feinsinnige Logik des Gelehrten mir zu weit zustimmte. …

Ein andres Mal sprachen wir über die wiederholten Erdenleben. Da hörte mich der Professor an, sprach von allerlei Literatur, in der man darüber etwas finden könne; er schüttelte oft leise den Kopf, hatte aber wohl gar nicht die Absicht, auf das Inhaltliche des ihm absonderlich scheinenden Themas einzugehen. Und dennoch ist mir auch dieses Gespräch wichtig geworden. Die Unbehaglichkeit Neumanns, mit der er seine nicht ausgesprochenen Urteile gegenüber meinen Aussagen *empfunden* hat, ist mir tief in das Gedächtnis eingeschrieben geblieben."[1]

Hier hat man, in einer kurzen Szene verdichtet, schon einige Elemente beisammen, die bis heute eine Rolle spielen, wenn es um das Verhältnis von Anthroposophie und kirchlichem Christentum geht. Da ist einerseits ein gewisses Interesse, das den älteren Neumann dem jungen Steiner zuhören ließ; Neumann hatte sogar ein Buch über die arabischen Drusen verfasst, in deren Weltbild Reinkarnation eine Rolle spielt. Andererseits kommt dieses „Inhaltliche" für ihn sozusagen gar nicht in Frage, ist allenfalls von literarisch-ethnologischem Interesse und ist erst recht kein Thema für das eigene Denken und Forschen. Seine Zurückweisung ergibt sich nach Steiners Eindruck schlicht aus dem Abgleich mit jenem unsichtbaren Dritten, der Kirchenlehre, die nichts von Reinkarnationen sagt.

Mit dem jungen Steiner nun und mit dem, was er später nach und nach als Anthroposophie entfaltete, begegnet man einer völlig anderen Haltung. Eine gelehrte Grundlage gibt es auch hier – man kann nur immer wieder staunen, wie ausgedehnt seine Kenntnisse sind, von der Welt der alten Mysterien bis zur modernen Physik –, dennoch ist die innere Geste eine völlig andere. Steiner schaut im Grunde alles neu an, schaut auch alles *selbst* an, offenkundig inspiriert von starken eigenen Einsichten und inneren Erlebnissen. Diese Erlebnisse gingen bis in seine Kindheit zurück und waren von einer solchen Evidenz, dass ihn auch die kalten Reaktionen seiner Umgebung nicht davon abhielten, diese Spur weiter zu verfolgen (siehe Kapitel 3 zu seiner Lebensgeschichte). Letztlich führt, durch tausend Lebensverwicklungen, eine Linie von hier bis zu dem, was später die Anthroposophie wurde, eine „Erkenntnisbewegung", wie er sie manchmal nannte.

Will man den Gegensatz in eine kurze Formel fassen, könnte man sagen: Die kirchliche Haltung, hier verkörpert durch Neumann, geht davon aus, dass alles Wesentliche bereits *gegeben* ist, durch Gottes Offenbarung, wie sie in den Evangelien überliefert ist und durch die Kirche ausgelegt wird. Die Menschenaufgabe kann dann eigentlich nur darin liegen, sich auf rechte Weise glaubend in das Gegebene hineinzufinden und es in die eigene Lebenspraxis zu übersetzen. Steiner vertritt demgegenüber die Anschauung, dass zwar viel gegeben ist, ja überwältigend Großes gegeben ist, weil die Welt aus seiner Sicht mit dem „Mysterium von Golgatha" geradezu in ein neues Stadium eintrat, dass sich aber das Rad der Entwicklung durchaus weiterdreht, nicht nur äußerlich, sondern auch, was die innere Verfassung der Menschen betrifft, die heute anderes verlange als vor zweitausend Jahren. Werde das nicht begriffen, bleibe unverständlich, warum das Christentum in der Neuzeit trotz zahlloser Appelle gleichsam ausbleichte – „es verliert, ich möchte sagen, an innerem Halt in der Seele". Dieser Halt sei nur auf neue Weise wiederzugewinnen.

Wie Steiner diese Veränderung der geistigen Lage beschreibt, weicht indes weit von heute geläufigen Denkweisen ab. Früher, so sagt er im Kern, lag die kosmische Intelligenz in der Hand höherer geistiger Wesenheiten, die die Menschen führten und – durch Offenbarungen – daran teilhaben ließen. In unserer Epoche dagegen, etwa seit dem 15. Jahrhundert, sind die Menschen *selbst* aufgerufen, sich in diese Zusammenhänge einzuarbeiten.

So gesehen wäre das gesamte neuzeitliche Forschen ein fulminantes Beispiel dafür, dass die Menschheit diese Aufgabe mit größter Energie angeht. Zunächst allerdings nur im Bereich der äußeren, naturwissenschaftlichen Forschung. (Bemerkenswerterweise äußerten manche Physiker die Empfindung, in den entdeckten Gesetzen „Gedanken Gottes" zu lesen.) Etwas Analoges, so Steiner, sei nun auch auf geistigem Gebiet, als „Geisteswissenschaft" zu leisten.

Hier eben stößt man auf den entscheidenden Unterschied zu kirchlichen Anschauungen, die ganz aufs *Glauben* setzen, während die Anthroposophie von *Erkenntnis* spricht, von der methodischen Erforschung geistiger Welten. Und hier stößt man zugleich auf jene Aspekte, die auf religiöser Seite oft als irritierend, wenn nicht abstoßend empfunden werden. Denn die Anthroposophie fasst das, was die Religionen auf einen Punkt zusammengezogen, als „Gott" adressieren, als eine durchaus vielgestaltige, noch dazu beständig sich entwickelnde Wirklichkeit. Es gebe eben, so Steiner, in dieser Welt ein weites Spektrum, eine ganze Hierarchie an Wesenheiten, manche gleichsam „unter" dem Menschen: das Tierreich und die Pflanzenwelt, andere „über" ihm, beginnend mit den Angeloi und Archangeloi (Engel und Erzengel) bis zu Cherubim und Seraphim. – Man erkennt sofort die Anknüpfung an ältere östliche wie westliche Anschauungen, wobei sich Steiner in seiner Terminologie weitgehend an die christliche Tradition hält. Deren Hierarchienlehre aber, die heute meist nur noch als Fall für Religionshistoriker gilt, bietet in seinen Augen eine im Kern zutreffende Aussage über reale und auch *gegenwärtig wirksame* Wesenheiten, auch wenn es ein Bewusstsein dieser Zusammenhänge ganz neu zu erwerben gelte. Der Mensch ist in dieser Perspektive schlicht Teil eines weitläufigen Entwicklungspanoramas, das es zu verstehen gilt, um allmählich den eigenen Platz besser zu erkennen und die eigene Aufgabe kraftvoll zu ergreifen.

Im Grunde hat man damit zwei wichtige Komponenten der Anthroposophie vor sich: zum einen den Versuch einer differenzierten Erforschung nicht nur der materiellen, sondern auch der geistigen Wirklichkeiten; zum anderen ein entschiedenes *Wirken*wollen, wie es auf den unterschiedlichsten Praxisfeldern zum Ausdruck kommt: von den bekannten Waldorfschulen über die kaum durchgedrungene Dreigliederungsinitiative bis zur Suche nach neuen architektonischen Formen. Bloßer Glaube, „das bloße Hinseufzen zum Geiste" sei in unserer Epoche zu wenig, so Steiner:

> „Denn nicht der bloße Appell an den Geist kann in dieser Zeit helfen, sondern allein der erkannte und in die Lebensarbeit aufgenommene Geist. Aber dieser Geist will selbst erarbeitet sein."

Wie gereizt von kirchlicher Seite auf all dies reagiert wurde, lässt sich an einer zweiten Episode illustrieren, fast drei Jahrzehnte nach Steiners Gespräch mit dem gelehrten Zisterzienser. Inzwischen war aus dem jungen Mann, der ungewöhnliche Ansichten vortrug, die führende Gestalt einer neuen kulturellen Bewegung geworden, der Anthroposophie, die unweit von Basel ihr Zentrum hatte. Diesmal war es ein reformierter Pfarrer, Eduard Riggenbach aus dem benachbarten Arlesheim, der sich 1915 in einem Vortrag über *Die Anthroposophen-Kolonie in Dornach* ausließ. Eigentlich störte ihn alles, angefangen mit Gebäuden wie dem Goetheanum, die die Gegend „so genial verschandeln", über die sonderbar gekleideten „Männlein und Fräulein", die da aus und ein gingen, bis zu den verwirrenden Schriften der Anthroposophen. Zum Schluss malte er sich aus, „was wohl der alte Wandsbeker Bote, Matthias Claudius", über all das sagen würde:

> „Ich glaube fast, er würde sich in stiller Nacht, mit einem Stück Kreide bewaffnet, hinauf zum Tempel schleichen und dort in seiner zierlich-klaren Handschrift den Vers an die Türe schreiben, der sich in seinem schönen Abendliede befindet:
> Wir stolze Menschenkinder
> Sind eitel arme Sünder
> Und wissen gar nicht viel;
> Wir spinnen Luftgespinste
> Und suchen viele Künste
> Und kommen weiter von dem Ziel."[2]

Das traf, durchaus prägnant, den Kern der Vorbehalte gegen die Anthroposophie. Die implizite Botschaft: Warum macht ihr es euch so schwer, spart euch diese seltsamen neuen Wege, in unserem Kirchenglauben ist alles enthalten.

Dazu sagt die Anthroposophie in der Tat nein.

Auf viele, oft extrem gehässige Angriffe ging Rudolf Steiner gar nicht ein. In diesem Fall konterte er die Berufung des Pfarrers auf Claudius mit dem Hinweis, „wenn er die vorhergehende Strophe zitiert hätte, dann hätte er sich selbst widerlegt".

„Seht ihr den Mond dort stehen?
Er ist nur halb zu sehen
Und ist doch rund und schön!
So sind wohl manche Sachen,
Die wir getrost belachen,
Weil unsre Augen sie nicht sehn."

Anthroposophie steht den religiösen Traditionen höchst interessiert gegenüber, ihr zentrales Anliegen aber ist eine *Vergegenwärtigung* der geistigen Wirklichkeiten. Und für entscheidend hält sie tatsächlich den Mut, dabei auch neue Wege zu gehen und zu Einsichten vorzustoßen, die unter Umständen noch nicht zum vertrauten Kanon gehören. Das gilt insbesondere für den Reinkarnationsgedanken, der zumindest den abrahamitischen Religionen, Judentum, Christentum und Islam, fremd ist. Was, so Steiner, kein sonderlich starkes Argument ist:

> „Niemand wird fragen, warum von Amerika nichts in der Bibel steht, und derjenige, der etwa die Entdeckung Amerikas hätte bekämpfen wollen vom Standpunkt der Bibel aus, der gliche dem, der heute vom Standpunkt der Bibel aus die Anschauungen anthroposophischer Geisteswissenschaft bekämpfen will."

Mit diesem Weitergehen-Wollen aber stieß die Anthroposophie von Beginn an auf schärfste Reaktionen. Tatsächlich, auch in der heutigen Zeit, ohne kirchliche Lizenz, zu tieferen Erkenntnissen vordringen zu wollen, das wurde von katholischer wie protestantischer Seite mit einer Vehemenz und einem Hochmut bekämpft, die ihrerseits schon Tradition haben; man denke etwa daran, wie schon der fromme Schuster Jakob Böhme von den Kanzeln aus fertiggemacht wurde. Er hatte sozusagen mit seinen Schauungen den Dienstweg nicht beachtet. Steiner deutet das kirchliche Vorgehen mit einer überraschenden Analogie. Hier offenbare sich die gleiche Haltung, die auch die Forschungen eines Kopernikus und Galilei unterbinden wollte:

> „Die Kirche hat es ja geradeso gemacht mit dem äußeren Forschen, so dass es einen nicht zu verwundern braucht, dass sie es auch mit dem inneren Forschen auf dem Geistesgebiet so macht. Sie bewahrt ja nur ihre alten Gewohnheiten."

Es ist eine Kontinuität der Erkenntnisfeindlichkeit, die selbstverständlich auch mit Machtfragen verknüpft ist. Nachdem man die Deutungshoheit über die äußere Welt bereits an die Naturwissenschaften verlor, will man die über die seelisch-geistige Welt unbedingt sichern – und erlaubt sich dabei die erstaunlichsten Inkonsequenzen. Beispielsweise schlägt dem anthroposophischen Sprechen über „übersinnliche" Wirkungen von religiöser Seite regelmäßig ein Befremden entgegen, so als begegne man hier ganz esoterischen, ja hanebüchenen Vorstellungen. Dieses Befremden ist selbst befremdlich. Denn setzt nicht der Glaube, dass das Leben und Sterben eines Mannes vor zweitausend Jahren für heutige Menschen erlösungsrelevant sei, auch auf – übersinnliche Wirkungen? Ist das eigene Sprechen so zur Konvention geworden, dass sein Inhalt unsichtbar geworden ist? Eine neue Perspektive, so Steiner, könne sich nur öffnen, wenn dieser Inhalt neu, mit der vollen heutigen Bewusstseinskraft durchdrungen werde. Die gängige religiöse Blickrichtung kehrt sich dann geradezu um: „Das Christentum ist wirklich erst im Anfange."

Anthroposophie wolle nicht „religionsbildend auftreten", betonte Steiner immer wieder, sie wolle eine Dienerin der Religionen sein: „Immer mehr und mehr verstehen dasjenige, was der Menschheit an Religion gegeben ist, dazu wird wahre Geisteswissenschaft führen…" Schließlich fand er sich dann doch bereit, dem religiösen Impuls auch eine neue Form zu geben: in der 1922 gegründeten *Christengemeinschaft*, die er strikt von der Anthroposophischen Gesellschaft getrennt hielt. Darauf gedrungen hatten vor allem junge protestantische Theologen, die sich der Anthroposophie geöffnet hatten, aber in ihrer Kirche keinerlei Verständnis für deren Gesichtspunkte fanden.

Insgesamt aber blieb es dabei, dass die Anthroposophie allen Bekenntnissen offenstand, blieb es insbesondere dabei, dass sie gerade keinen neuen *Glauben* intendierte, sondern eine neue geistige *Haltung*, die Haltung freier Individuen, die in aller Demut doch den Versuch wagen, die Welt, auch die unsichtbare geistige Welt, tiefer zu verstehen und das eigene Sein im Lichte dieser Einsichten zu erneuern. Und es blieb auch dabei, dass gerade dieses Moment der *Aktivität* immer wieder Anstoß erregte. Der klassische Vorwurf: Anthroposophie setzte auf *Selbsterlösung*, sie wisse nichts von Gnade. Steiner in einem Vortrag 1919:

> „Viele, viele Briefe habe ich in meinem Leben bekommen, immer wieder von kirchlichen Leuten, die sagen, die Anthroposophie, oder wie sie es dann schon nennen, ist ja im Grunde eine schöne Sache, aber sie widerspricht dem einfachen, schlichten christlichen Bekenntnisse, dass Christus die Seele erlöst hat, dass man in Christus selig werden kann, ohne dass die Seele etwas dazu tut. Der ‚schlichte Glaube des Seligwerdens durch den Christus', davon kön-

> nen sie nicht lassen. Die Menschen glauben, wenn sie so etwas sagen oder schreiben, besonders fromm zu sein. Egoistisch sind sie, grundegoistisch sind sie, nichts tun möchten sie in der Seele und das Göttliche dafür sorgen lassen, dass es die Seele hübsch pensionierend hinausträgt durch die Pforte des Todes."[3]

Es klingt wie ein Vorgriff auf das, was Dietrich Bonhoeffer später „billige Gnade" nannte: „Billige Gnade ist die Gnade, die wir mit uns selbst haben." Darin, so Bonhoeffers Analyse, werde Luther verkürzt und missverstanden. Dieser hatte sein Gnadenerlebnis *nach* ungeheuren Kämpfen, es war nicht die spätere bürgerliche Sofa-Gnade. Bonhoeffer verstand eben etwas von Kämpfen, inneren wie äußeren, er wusste, „dass Gnade die Nachfolge einschließt".

Diese Dialektik von menschlicher Bemühung und göttlicher Gnade mag ein tiefes Geheimnis sein – klar ist indes, dass es nicht genügt, nur von der einen Seite zu sprechen, von dem, was den Menschen aus den Höhen entgegenkommt, nicht aber von dem, was sie selbst bewusst, in unübersichtlichem Gelände nach besten Kräften zu leisten haben.

Spricht Steiner umgekehrt zu viel von dieser zweiten Seite? Man müsse begreifen, so fuhr er im selben Vortrag fort, „dass man sich das Innehaben des Göttlichen in der Seele erarbeiten muss". Auf Hunderten Seiten hatte er schon in seinen Grundschriften (erschienen zwischen 1904 und 1910) ausgebreitet, welche inneren Haltungen und Übungen dabei hilfreich sind. Unbestreitbar dominiert hier die Seite der menschlichen „Seelenarbeit". – Verständlich wird dies wiederum erst aus der erwähnten kulturellen Optik heraus. Nach Steiners Wahrnehmung ist die Menschheit in unserer Epoche – ohne es zu bemerken – über eine Schwelle gegangen, nach der tatsächlich den Menschen, jedem Einzelnen, eine viel größere Verantwortung zufällt als früher. Dieses neue Zeitalter (er nennt es das *michaelische*, beginnend 1879) verlange vom Menschen eine ganz neue innere Initiative: Nach und nach, in einem durch und durch persönlichen Prozess, gelte es den eigenen Ort im Weltgewebe besser zu verstehen und die ureigene, unverwechselbare Lebensaufgabe zu erfassen. Steiner beschreibt diesen Wandel – für gängige Begriffe ganz ungewohnt – als einen geradezu kosmischen Vorgang, der nicht nur die Menschen, sondern auch die göttlichen Mächte betrifft. Diese seien jetzt „nach ihren Gesetzen" darauf angewiesen, „mit freien Menschen, nicht mit Puppen zu arbeiten". – „Aber dieser Übergang zum innerlich Tätigsein…, das ist dasjenige, was die Menschheit notwendig hat und was sie noch nicht sehr liebt."

Es waren neue, ungeheure Perspektiven, die sich in Rudolf Steiners Aussagen auftaten, und sie werfen viele Fragen auf. Konnte wirklich ein Einzelner in seinen Einsichten der übrigen Menschheit so weit vorauseilen? Wie konnte er von Geisteswissenschaft, ja von Wissenschaft überhaupt sprechen angesichts von Aussagen, die sich der üblichen Nachprüfbarkeit entziehen bzw. deren Nachprüfung innere Entwicklungen voraussetzt, die kaum irgendwo glaubwürdig vollzogen scheinen? Und machten nicht auch manche seiner Anhänger mit ihren esoterischen Gewissheiten, die sich eher der Lektüre als eigener Erkenntnis verdanken, einen ungünstigen Eindruck? – Das Phänomen Steiner bleibt erstaunlich und leicht angreifbar. Nur diejenigen werden es für relevant halten, die wenigstens in Teilbereichen den klaren Eindruck gewinnen, dass hier große Durchblicke gelungen sind, die unserer Zeit bitter fehlen; und die bereit sind anzuerkennen, dass Bedeutendes nicht immer auf die Weise in die Welt tritt, wie man das nach den gewohnten Kategorien erwarten würde.

Und auch sie werden mit offenen Fragen leben müssen. So kann man erstaunt sein, wie sehr Steiner immer wieder auf kurzfristige Veränderungen setzt, etwa von Zuhörern erwartet, dass sie „als andere fortgehen", oder an die denkwürdige Weihnachtstagung 1923 größte Hoffnungen auf einen radikalen Neuanfang der Anthroposophischen Gesellschaft knüpft – die alsbald enttäuscht werden. Gelegentlich kann es scheinen, als ob er, der im Großen einen so souveränen Blick hat und in Jahrhunderten rechnet, die Dürftigkeit und menschliche Trägheit in seiner Umgebung nicht recht sieht. Für *diesen* Aspekt – die *Schwäche* des Menschen – hatten wiederum die alten Religionen ein gutes Auge, während man bei Steiner von einem eigentümlichen Changieren zwischen Naherwartung und großem Realismus sprechen könnte.

Oder ist es nur die Überlagerung zweier Grundzüge? Zum einen seiner tiefen, weit ausgreifenden, gleichsam zeitfernen Schau, zum anderen seines Bewusstseins der Dringlichkeit, das jedes Wort mit einem Ernst und einer Gegenwärtigkeit tränkte, als hingen davon größte Schicksale ab?

Darüber erheben werden sich nur diejenigen, die sich in ihrer deprimierenden Ambitionslosigkeit eingerichtet haben. Was durch Rudolf Steiner als Anthroposophie in die Welt kam, ist durchaus unvollkommen, er hat das selbst immer wieder betont und wünschte sich „*vorsichtige* Leser". Aber es gibt gute Gründe zu behaupten, dass es selbst in dieser Gestalt bedeutender, vor allem zukunftsweisender ist als alles, was heute sonst im kulturellen Raum mit wichtiger Miene diskutiert wird.

9.
Das Feld, in dem wir stehen
Anthroposophie und Medizin

Man kann die Radikalität der Anthroposophie leicht unterschätzen. Beispielsweise gilt die anthroposophische Medizin, im Vergleich zur „Schulmedizin", häufig als eine etwas mildere Variante, die eher naturheilkundlich orientiert ist. Manchmal wird in diesem Zusammenhang von einer *Komplementär*medizin gesprochen, so als gebe es eine Art *Haupt*medizin, die unumstritten ist, und darüber hinaus eben noch dieses ergänzende Angebot.

Bei genauerem Hinsehen aber geht die Provokation tiefer. Anthroposophie taucht *alles* in ein neues Licht. Insbesondere läuft das Ganze nicht auf eine Arbeitsteilung hinaus, bei der die etablierte Medizin für die somatische Seite, den Menschen als körperliches Wesen, zuständig wäre und die Anthroposophie *on top* noch etwas für Geist und Seele böte. Vielmehr könne, so Rudolf Steiner, mit den heutigen Denkweisen auch die *körperliche* Ebene nicht wirklich begriffen werden. Er war überzeugt, dass die gängige Art Naturerkenntnis „in gar keiner Weise Aufklärung geben kann über das Wesen des Menschen selbst, auch nicht über das physisch-leibliche Wesen des Menschen".[1] Denn die sichtbare materielle Welt könne erst im Kontext der unsichtbaren nicht-materiellen Welt verständlich werden. Gelegentlich verwendet Steiner den Vergleich mit einer Kompassnadel. Deren Ausrichtung nach Norden ist selbstverständlich nicht durch Analyse der Nadel oder aus deren inneren Kräften erklärbar, sondern erst aus dem größeren Feld, in dem sie steht, aus dem Magnetfeld. „Denken Sie einmal, wenn man das übertragen würde auf die organische Wissenschaft!“[2]

Dies eben ist das monumental Neue – und leider auch monumental Schwierige – der Anthroposophie. Es sei, sagt Steiner gleich im ersten „Ärztekurs“ 1920, „das Schreckliche in der gegenwärtigen naturwissenschaftlichen Anschauung“, dass sie den Menschen so isoliert betrachte, als sei er mit der Haut abgeschlossen, während er in Wahrheit „in den ganzen Weltprozess eingeschaltet“[3] sei.

Nun ist es nicht so, dass die heutige Naturwissenschaft solch übergreifende Bezüge gar nicht sähe. Wenn man es recht bedenkt, spricht auch sie von buchstäblich extra-terrestrischen Zusammenhängen. Deutlich wird das schon in der pflanzlichen Welt. Was ist die Fotosynthese anderes, als dass die Strahlung eines anderen Himmelskörpers, der Sonne, hier auf der Erde bestimmte chemische Prozesse unterhält? Ohne diese Fernwirkung per Photonen wäre das Leben auf diesem Planeten rasch vorbei. Es ist auch mehr als Astronomen-Poesie, im Menschen *Sternenstaub* zu sehen. Denn die Atome unseres Körpers haben eine Vorgeschichte. Sie waren seit den Zeiten der Sternentstehung in ungezählte mineralische, pflanzliche und tierische Gestalten integriert, bis zu uns. Atome sind (außer die radioaktiven) überaus stabil. Wir kommen, ganz nüchtern-materiell gesehen, von weither.

Anthroposophie nun hält eine solche Fern-Optik auch in Bereichen für bedeutsam, die von der heutigen Wissenschaft nicht oder noch nicht erreicht werden: im Bereich immaterieller Wirkungszusammenhänge, in der „geistigen Welt“.

Wie schockierend oder auch faszinierend anders sich dann die Dinge darstellen, ließe sich in vielen Richtungen veranschaulichen. Erst auf dieser Grundlage, behauptet Steiner beispielsweise, könne „wirklich eine Embryologie" entstehen:

> „Wir haben ja heute keine, denn wie stark im Beginne der embryologischen Entwickelung das Kosmische hereinwirkt, wie das Kosmische ebenso der Befruchter des weiblichen Organismus ist wie der männliche Same, das wird überhaupt gar nicht beachtet."[4]

In dem, was heute als das Ganze gilt, in der sexuellen Begegnung und der Verschmelzung von Ei und Spermium, sieht Steiner gleichsam nur den *Auslöser*, die Aktualisierung, die äußere Form eines viel umfassenderen Geschehens.

Ein anderes Beispiel wäre die Mikrobiologie. Ja, sagt Steiner, es gebe „diese winzigen Herrschaften", Bakterien und Viren, er spricht wie damals üblich von *Bazillen*. Doch sei es auch hier zu wenig, nur auf diese Ebene zu starren, die Gefahr der „Ansteckung", und zu übersehen, wie maßgeblich es von der Disposition der Menschen abhängt, ob und wie sich eine Infektion abspielt – ein Aspekt, den die heutige Medizin immerhin ebenfalls im Blick hat; so wie ja auch immer deutlicher wird, dass es außer dem Gegeneinander von Mensch und Mikroorganismus eine noch viel größere Geschichte friedlicher Koexistenz gibt, von der Darmflora bis zu uralten gemeinsamen Gen-Sequenzen. Nur geht Steiner auch auf diesem Gebiet noch viel weiter. So wie er bei Krankheiten außer nach körperlichen Ursachen nach tieferen Gründen forscht, die – im Rahmen eines Reinkarnationsdenkens – bis in frühere Leben zurückreichen können, so verfährt er auch in größerem Maßstab, bei Epidemien. Auch diese – von den Seuchen des Mittelalters bis zu „der Grippe, die jetzt so verbreitet ist" (die sogenannte *Spanische Grippe* 1918-20) – hätten in letzter Instanz menschheitliche, wenn nicht kosmologische Ursachen. Die übertragbaren Keime seien in Wahrheit nicht die *Erreger* der Krankheiten, sondern nur deren *Anzeiger*. Sie seien „nur etwas Sekundäres, das leicht bewiesen werden kann, das selbstverständlich dadurch ein großes Publikum findet; aber die Hauptsache ist es nicht".[5]

Da muss man erst mal durchatmen. Sind diese Sichtweisen richtig, dann ist die Anthroposophie in der Tat nicht nur ein komplementäres Phänomen, ein esoterischer Hauch, der in die üblichen Anschauungen hineinweht, sie ist ein weltanschaulicher Orkan.

Selbstverständlich werden die Verfechter der etablierten Anschauungen sofort fragen: Wo, bitte, sind die Beweise? Was habt ihr vorzulegen? – Und sie mögen sich sogleich wieder zurücklehnen, wenn sie hören: Beweise im hier verlangten Sinn wird es kaum geben. Wenn es tatsächlich solch subtile, nicht-materiell vermittelte Wirkungen gibt, werden diese sich in der Regel nicht in handfest-materiellen Formen dingfest machen lassen. In solchen Formen wird man auch nicht nachweisen können, dass Michelangelo ein bedeutender Bildhauer war. Trotzdem kann es offenbar sinnvolle ästhetisch-intellektuelle Prozesse geben, die zu diesem Urteil führen. In vergleichbarer, ja noch viel komplexerer Weise wird man auch hier gleichsam alles zusammennehmen müssen, alle Sensorien der Erkenntnis aufbieten müssen, um am Ende – vielleicht – zu dem Schluss zu gelangen: Ja, im Lichte solcher Gedanken kann die Welt verständlicher werden, können sich die unterschiedlichen Ebenen der Wirklichkeit und des menschlichen Erlebens in stimmiger Weise zusammenfügen. Und ja, womöglich begegnet uns im Menschen mehr als eine etwas ungewöhnlich arrangierte Masse Protein, so wie uns in gewissen Plastiken mehr als Stein begegnet.

Letztlich, keine Frage, hängt alles an einer erkenntnistheoretischen Fundierung: daran, verständlich zu machen, dass es außer dem üblichen, durch die Sinneswahrnehmung und einige zusätzliche Techniken vermittelten Weltzugang noch andere, „über-sinnliche" Erkenntnisformen gibt; und dass diese ebenso berechtigt sein können wie etwa die (übersinnliche) Mathematik.

Vorläufig spart sich unsere Epoche beides: sowohl die Auseinandersetzung mit einem weit abweichenden Weltverständnis, die zu dessen allmählicher Plausibilisierung führen könnte, wie auch einen Blick auf dessen philosophische Grundlagen.

Oder gäbe es womöglich, unterhalb dieser grundsätzlichen Ebene, doch andere, pragmatische Wege, um die Bedeutung der anthroposophischen Perspektive glaubhaft zu machen? Ein starkes Indiz wäre zweifellos der Nachweis, dass bestimmte auf dieser Grundlage entwickelte Therapien eine überlegene Wirksamkeit haben. Bislang indes fehlen offenbar so zwingende Belege, wie es sie bei anderen wissenschaftlichen Paradigmenwechseln gab, als etwa die Verfechter der Quantenphysik Beobachtungen vorlegten, die die Verteidiger der klassischen Physik in Verlegenheit brachten. (Wobei zu berücksichtigen ist, dass bestimmte Nachweisverfahren, etwa Doppelblindstudien, von manchen anthroposophischen Ärztinnen und Ärzten aus ethischen oder methodischen Gründen abgelehnt werden.)

Ein anderes Indiz könnte darin liegen, dass die Anthroposophie in bestimmten Situationen die Bedeutung einer übergreifenden Perspektive zu verdeutlichen versteht. Die Corona-Pandemie konnte eine solche Bewährungsprobe sein. Die gängige Sichtweise ist ja in solchen Fällen von einem einzigen Gedanken beherrscht: Da kommt, wie aus dem Nichts, ein Erreger, vor dem man nur durch menschliche Abkapselung in Deckung gehen bzw. sich dann durch Impfung schützen kann. In dieser Optik gerät völlig aus dem Blick, dass es hier zunächst einmal um eine Art biologischen Alltag geht. Seit Urzeiten stehen Organismen in Auseinandersetzung mit mehr oder weniger gefährlichen Keimen und müssen ihre Antwortmöglichkeiten fortwährend aktualisieren. Dieser quasi dialogische Prozess ist das Wesen der Immunologie. Gewiss kann man im Einzelfall durch Impfungen einen vorübergehenden Schutz erreichen und Ähnliches in immer mehr Bereichen anstreben. Aber was ist die Perspektive? Zweifellos wird mit jeder Intervention die Schutzerwartung der Menschen größer. Wird nicht gleichzeitig ihre biologische und mentale Reaktionsfähigkeit immer weiter abnehmen und, letztlich zu Recht, die kollektive Angst wachsen? Der perfekte Boden für alle Arten ideologischer Schutzversprechen. Wurden und werden solche Fragen wenigstens halb so intensiv besprochen wie die Fallzahlen?

Anthroposophie könnte die Thematik weiter vertiefen: durch ein Krankheitsverständnis, das bestimmte Störungen als Teil eines größeren Bildes zu verstehen sucht. Nehmen wir einen Vergleich: Bei einer psychischen Erkrankung halten wir es für selbstverständlich, die Dinge biografisch zurückzuverfolgen und zu kontextualisieren; etwa zu erkennen, dass ein ganzes Familiensystem problematische Züge hat, die aber nur bei einem Mitglied aufbrechen. Dessen Krankheit ist im Grunde selbst nur ein Symptom. Sollte das bei körperlichen Leiden, vielleicht gar bei Epidemien, völlig anders sein? Könnte es nicht auch hier materielle und geistige „Fernwirkungen" geben? Gewiss wäre deren Erforschung noch schwieriger. Und sie träfe (wie in Familien) auf Widerstände. Denn Krankheit ließe sich nicht mehr als etwas rein Externes abtun, sondern müsste in die menschlichen Lebenszusammenhänge integriert werden; sie wäre nicht mehr bloß Zufall, sondern hätte womöglich – auf verschleierte Weise – etwas mit uns zu tun. Allein auf diesen Gedanken reagieren manche mit Panikattacken, so als werde hier eine unselige Verbindung von Krankheit und Schuld wiederbelebt. Aber es geht nur, wie bei psychologischen Kausalitäten, ums Verstehen. Und wohl auch um die Einsicht, dass Heilung nicht nur im Behandeln von Symptomen, sondern in tieferen Regionen zu suchen wäre.

Allerdings, das zeigte sich während der Corona-Krise: Bis jetzt werden die erhellenden Potenziale der Anthroposophie zu wenig sichtbar. Im Gegenteil gab es in Teilen der Anthro-Szene eine kopflose Sympathie für alle möglichen vom herrschenden Diskurs abweichenden Deutungen: von der Annahme, das Virus sei völlig harmlos, bis zu der, es werde als gefährliche Biowaffe eingesetzt. Manche glaubten sogar beides gleichzeitig, ohne den Widerspruch zu bemerken. Man könnte darüber nachdenken, ob der konfuse Hang zur Abweichung ein Symptom dafür ist, dass die Anthroposophie ihre eigentliche, tiefe, gedanklich fundierte Abweichung bis heute nicht kulturell wirksam zu explizieren versteht.

So bleibt beides einstweilen getrennt nebeneinander stehen: einerseits ein medizinischer Betrieb, der in engen Erklärungsmustern zirkuliert und alle übergreifenden Fragen ausblendet; und andererseits eine spirituelle Richtung, der es nicht recht gelingt, ihre sachliche Berechtigung und Welthaltigkeit verständlich zu machen, und die entsprechend marginal bleibt.

Nüchtern betrachtet ist die Welt noch immer weit von dem Punkt entfernt, den Rudolf Steiner schon bei einem Vortrag 1906 in Paris ins Auge fasste: „Würde die Wissenschaft die Gaben der Geisteswissenschaft, und sei es nur als Hypothesen, annehmen, die Welt würde sich verändern."[6] Sie würde sich verändern durch eine *Weitung des Blicks*, die auch den Arztberuf neu beseelen könnte, indem sie ihn in jene größeren Bezüge führt, in denen er einst stand und – auf neue Weise! – stehen könnte. Vielleicht würden sich gar manche Einzelaussagen der Anthroposophie, die heute weithin als abwegig gelten, anders darstellen. Denn bei neuen Wegen im wissenschaftlichen Gelände spielen immer auch mentale Dispositionen eine Rolle, die der Physiker und Philosoph Carl Friedrich von Weizsäcker so beschrieb:

> „Wer die westliche Wissenschaft kennt, weiß, dass sie fast nur dasjenige empirisch zu Gesicht zu bekommen vermag, worauf sie theoretisch – wenigstens in der Begrifflichkeit der Fragestellung – vorbereitet ist."[7]

Diese Vorbereitung ist erst noch zu leisten.

10.
Was heißt „soziale Dreigliederung“?
Rudolf Steiner als politischer Denker

Rudolf Steiners politische Ideenwelt, meist unter dem Begriff *soziale Dreigliederung* gefasst, gehört zum Schwierigsten in seinem gesamten Gedankenkosmos; trägt sie doch sehr tiefe Gesichtspunkte in die scheinbar so profane Alltagswelt. Steiner behauptete sogar, diese Ideen seien „in ihrer Urgestalt“ erst von jenseits der „Schwelle“ einsehbar.

Andererseits ist ihr inhaltlicher Kern auch denkbar einfach. Man könnte ihn so formulieren: Jeder Bereich menschlicher Aktivität soll seiner besonderen Eigenart folgen dürfen. Diese Eigenart aber, so Steiner, unterscheidet sich viel stärker als das üblicherweise gesehen wird. Die wirtschaftliche Sphäre etwa folge mit der ihr eigenen Dynamik einer ganz anderen inneren Logik als die politische Sphäre gleichberechtigter Staatsbürger. Wiederum andere innere Gesetze gelten – oder sollten jedenfalls gelten –, sobald es um das geistig-kulturelle Leben geht. Diese Differenz der Sphären aber dringe bis heute kaum ins Bewusstsein. Entsprechend werde ständig gegen sie verstoßen, und es würden Maximen, die in einem Bereich richtig sind, auf einen anderen übertragen, wo sie schädlich wirken. Darin sah Steiner die eigentliche Ursache für ungezählte Einzelprobleme, die dann hilflos-symptomatisch nachbehandelt werden müssen. Und er schließt einen Gedanken an, der ein vertrautes Bild in einem völlig neuen Licht zeigt. Die Ideale der Französischen Revolution, *Freiheit*,

Gleichheit, Brüderlichkeit, seien nicht als steifes Nebeneinander zu begreifen, sondern in ihrer wahren Bedeutung unterschiedlichen Sphären zuzuordnen: Freiheit als Maxime im Geistesleben, Gleichheit im Politisch-Rechtlichen, Brüderlichkeit in der Wirtschaft. Dies zu verstehen, sei die *heutige* Menschheitsaufgabe.

Allerdings, auch das ist wahr, wenn man diese Dinge konkreter durchdringen will, sind sie doch wieder ziemlich anspruchsvoll. – Beginnen wir, wo wir überhaupt nur beginnen können, schön diesseits der Schwelle, ganz bodenständig historisch.

*

Wilhelm Blos, ein altgedienter Sozialdemokrat, war erst seit drei Wochen, seit der Novemberrevolution 1918, Ministerpräsident in Württemberg. Da seien, berichtet er, „eines Tages zwei Abgesandte aus dem engeren Freundeskreis des Herrn Dr. Rudolf Steiner bei mir erschienen und verlangten, dass ich diesen in die Regierung aufnehmen solle". Steiner, so versicherten die beiden, sei „der bedeutendste Mann Europas", Blos möge ihn nur einmal selbst anhören. „Ich antwortete: Von welcher Dimension aus wird er zu mir sprechen?" Damit war das Gespräch so gut wie beendet.[1]

Es war nicht der erste Versuch, eine Brücke von der Anthroposophie in die Politik zu schlagen. Schon während des Ersten Weltkriegs, im Juli 1917, hatte Steiner selbst seine Verbindungen genutzt, um in zwei Memoranden die Regierungen in Wien und Berlin für eine politische Initiative neuer Art zu gewinnen. Letztlich, so Steiners Sicht, waren beide Staaten, Österreich-Ungarn und das Deutsche Reich, in ihre heillose politisch-militärische Lage geraten, weil sie, einer ideenlosen Machtpolitik folgend, ihre eigentliche historische Möglichkeit verfehlt hatten: nicht auf den kompakten Nationalstaat zu setzen, sondern auf ein differenzierteres Modell mit einer relativen Unabhängigkeit von staatlicher, kultureller und wirtschaftlicher Sphäre. In einem solchen elastischen sozialen Gebilde sah Steiner die einzige Überlebenschance für das multikulturelle Österreich-Ungarn, in dem er aufgewachsen war, und er sah darin zugleich ein menschheitliches Zukunftsmodell. Dies war der geschichtliche Ausgangspunkt der *sozialen Dreigliederung.* – Die Memoranden schafften es bis zu Arthur Graf Polzer-Hoditz, Kabinettschef von Kaiser Karl in Wien, und zu Richard von Kühlmann, Staatssekretär des Auswärtigen Amtes, nach heutigen Begriffen Außenminister in Berlin. Ohne erkennbare Wirkung.

Unmittelbar mit Kriegsende dann ein kurzer, erstaunlicher Aufschwung der „Dreigliederungsbewegung". Ein entsprechender Aufruf im März 1919 „An das deutsche Volk und an die Kulturwelt!" fand prominente Unterzeichner, von Hermann Hesse bis zu Intellektuellen wie dem Neukantianer Paul Natorp und dem Biologen Hans Driesch. Selbst Thomas Mann gab einem Besucher seine Unterschrift, nicht ohne spitze Tagebuch-Notiz: „um ihn loszuwerden". Steiners Buch zum Thema, *Die Kernpunkte der sozialen Frage*, wurde bis zum Sommer in dreißigtausend Exemplaren verkauft. Insbesondere im Schwabenland schien sein Ansatz „vorübergehend Aussichten auf breitere Wirkung" zu haben, erinnerte sich der spätere Bundespräsident Theodor Heuss. Selbst Betriebsversammlungen von Daimler und Bosch forderten jetzt, die Landesregierung möge Steiner „unverzüglich berufen". Dann aber, schon Ende Juli, die Ernüchterung. Auf einmal erschien zu Steiners Vortrag im Stuttgarter Gewerkschaftshaus „in dem sonst überfüllten Saal kein Mensch", wie ein Begleiter festhielt. Möglicherweise hatten Gewerkschaftsfunktionäre gegen den aus ihrer Sicht befremdlichen und rivalisierenden Sozialtheoretiker interveniert. Auch sonst war die Resonanz dürftig, etwa bei dem Vorschlag, die Universitäten in die Selbstverwaltung zu entlassen. Bei einer Diskussion in Tübingen musste Steiner feststellen, dass die Professoren bei diesem Gedanken geradezu erschraken. Schon im folgenden Jahr 1920 konstatierte er den Fehlschlag seiner Initiative, den er im Innersten vorhergesehen habe, aber „es musste erst durch die Wirklichkeiten bewiesen werden".

Die Gründe lagen auf der Hand. Die Arbeiter, mit denen Steiner, einst Dozent an der Berliner *Arbeiterbildungsschule* (siehe Kapitel 3), durchaus kommunizieren konnte, waren letztlich doch anders, meist sozialistisch gepolt. Ihnen musste sein Ansatz kompliziert und politisch unentschlossen erscheinen, wohl auch mit den Verweisen auf „Geistiges" irgendwie bürgerlich. Die sozialen Eliten hielten ihn für einen Idealisten, für dessen gewiss schöne Gedanken sie keine Zeit hätten. „Und wer nicht von vornherein ungerecht sein will", so Steiner, „der muss sogar zugeben – sie haben wirklich keine Zeit." Aber auch keine Lust. In Wahrheit, so Steiner, hielten sie es für unnötig, sich zu neuen Anschauungen durchzuringen, weil sie ohnehin glaubten, „dass sie die Wirklichkeit haben".

Dennoch ging es um mehr als um Verständigungsprobleme zwischen einem Esoteriker und seinen scheinbar nüchterneren Zeitgenossen. Steiners ganzer Ansatz widersprach allen gängigen Denkmustern. Besonders deutlich war das gegenüber den sozialistischen Konzepten in ihrer damaligen marxistischen Prägung. Deren Kernpunkt, die Verstaatlichung der Produktionsmittel, im Grunde die Übernahme der Ökonomie durch die Politik, lief auf das Gegenteil seiner Trennungs-Forderung hinaus. Unter diesem Gesichtspunkt lässt sich auch die gleichzeitige Russische Revolution als großes Verschmelzungsexperiment interpretieren, das die drei von Steiner apostrophierten Sphären – Politik, Wirtschaft und Geistesleben – einer zentralen Steuerung unterwarf, mit deprimierenden Ergebnissen.

So weit, so selbstverständlich. Bis heute ungewöhnlich an Steiners Optik ist, dass er auch den westlichen Staaten nicht das Prädikat „freiheitlich" zubilligen will. Auf subtilere Weise dominiere auch hier das Modell des „Einheitsstaates", der alles Mögliche an sich zieht, zeitweise auch die Wirtschaft seinen Interessen unterordnen wollte, bis er schließlich selbst von dieser umklammert und gefügig gemacht wurde.

Wie es dazu kam, versucht Steiner in einem großen historischen Bogen zu beleuchten. Ursprünglich, etwa in den Priesterherrschaften des alten Orients, habe das *Geistesleben* dominiert (mit Platons Idee der Philosophenherrschaft als Nachklang). Im Römischen Reich dann und, unter neuen Vorzeichen, mit dem Beginn der europäischen Neuzeit eine wachsende Dominanz der *staatlichen* Sphäre. Der Staat entreißt den Kirchen das Schulwesen, greift überhaupt mit Steuerrecht und Wehrpflicht immer tiefer ins Leben seiner Bürger ein. Das Ideal der Epoche ist Frankreich als klassischer Nationalstaat.

In der dritten Etappe schließlich, seit der Industrialisierung, die Dominanz der *wirtschaftlichen* Sphäre, am deutlichsten im angelsächsischen Raum; aber auch in der Politik in Berlin und Wien erkennt Steiner Unternehmerkreise als „schiebende Mächte". Heute könnte man ergänzen, dass auch Kultur und Wissenschaft in wachsende Abhängigkeit geraten, wenn Ausstellungen allenthalben durch Sponsoren „ermöglicht" werden und Forschungsprojekte um „Drittmittel" ringen. Bezeichnend, dass heute auch im Schulwesen (Steiner: „der bedeutungsvollste Zweig des Geisteslebens“) eine *Wirtschafts*organisation, die OECD mit ihren Pisa-Studien, als maßgebliche Autorität gilt. Selbst die heutige Form der EU stellt sich mit dieser Optik als ein dramatischer Übergriff der Sphären dar, indem hier eine politisch-wirtschaftliche Struktur geschaffen wurde, die unmögliche kulturelle Anpassungen erzwingt und entsprechende Spannungen erzeugen muss.

Die Grundtendenz jedenfalls, die Bildung hoch verschränkter Großeinheiten, war schon vor hundert Jahren erkennbar. Das alles, so Steiner, sei aus guten Gründen so gekommen – „Man sollte die Geschichte nicht nach rückwärts korrigieren wollen“ – unsere Epoche aber verlange ein neues, zeitgemäßes Konzept.

Dass die „Dreigliederung“ dies sei, erschien den meisten Zeitgenossen als kühne Behauptung. Wirkte sie doch eher wie ein steifes, künstliches Modell, das zudem auseinanderriss, was doch als Einheit funktionieren sollte. Mit seiner zentralen Aussage, dass dieser Ansatz die verborgenen Grundtendenzen der Epoche aufgreife, dass er in diesem Sinne wirklichkeitsnäher sei als die Konzepte der vermeintlichen Pragmatiker, drang Steiner nicht durch.

Tatsächlich wird sein Ansatz erst aus tieferen Hintergründen verständlich, insbesondere aus dem, was Steiner als Kernmotiv der Epoche ausmacht: ein Verlangen nach freier Individualität und Menschenwürde, schlicht gesagt, „dass der Mensch aus alten Bildungen überall herausstrebt und lediglich Mensch sein will, freier Mensch sein will“. Entsprechend gehe es um ein Konzept, das nicht, von Institutionen ausgehend, die Individuen quasi sozial verbaut, sondern im Gegenteil zeigt, wie von den Individuen her ein sinnvolles gesellschaftliches Gefüge entstehen kann. Schärfer noch: *Vor* aller sozialen Einhegung stehe die umfassende Achtung des Einzelnen. „Ich bin der Ansicht", schreibt der junge Steiner, „dass sich jeder für die ungeschwächte Konsequenz der Anschauung, die seiner Natur gemäß ist, ins Zeug legen soll." Der späte, der Anthroposoph, setzt fort, die Menschen müssten sich verstehen lernen „auch in den großen, ewigen Kräften, die durch die menschlichen Individualitäten gehen". Trotz aller Wandlungen führt bei Steiner eine Linie vom Freigeist, der gegen das allgegenwärtige „Philistertum" polemisiert, bis zum ernsten Verfechter eines „freien Geisteslebens". Denn dies meinte nicht behaglichen Kulturgenuss, sondern eine soziale Atmosphäre, die jedem Menschen die volle, unverkürzte Ausbildung seiner Besonderheit erlaubt. Jedenfalls: „Nicht der Staat oder das Wirtschaftsleben haben zu sagen: So brauchen wir den Menschen."

So entschieden Steiner in dieser Hinsicht, im Geistesleben, die Verschiedenheit und Ungleichheit der Menschen bejaht, so klar verneint er sie in der zweiten, der staatlich-rechtlichen Sphäre. Hier stehen sich die Menschen als grundsätzlich gleiche, urteilsfähige Bürger gegenüber, auf einer möglichst nüchternen Basis, die freizuhalten ist von allen weltanschaulichen, religiösen oder ethnischen Aspekten. Sie mit solchen Inhalten *aufzuladen* – man denke an eine „Islamische Republik" – ist maximale Sünde; aber auch schon das Streben nach einer „Leitkultur" wird vor diesem Hintergrund als politisch unsauber erkennbar. Steiners Denkart ist in dieser Hinsicht noch kühler als in dem, was später „Verfassungspatriotismus" genannt wurde; er hätte wohl schlicht Verfassungsgebundenheit gesagt.

Von diesem Punkt aus fällt auch ein Licht auf seine Behauptung, dass gerade *Mitteleuropa* aufgerufen sei, die Sphärenunterscheidung zu verwirklichen, insbesondere loszukommen „von der unseligen Verquickung von Staat und Nation und Volk". Denn in Mitteleuropa mit seiner Reichsvergangenheit, seinem bunten ethnisch-sprachlich-konfessionellen Profil, waren Staat und Volk unmöglich zur Deckung zu bringen. Österreich-Ungarn ist vor Steiners Augen an dieser Frage zerbrochen. Selbst das barbarisch-nationalistische Auseinanderreißen des Habsburg-Erbes in den Jugoslawien-Kriegen der 1990er-Jahre gehört noch in dieses Bild. Die Deutschen wiederum mit ihrer aus Steiners Sicht „ganz und gar unnationalen" Disposition verstiegen sich ins Gegenteil, einen hohlen „preußisch-hohenzollerischen Amerikanismus"[2], der kopflos in den Ersten Weltkrieg marschierte. Die katastrophale Fortsetzung hat er, 1925 gestorben, nicht mehr erlebt. – In diesem Kontext wird auch deutlich, wie grotesk jene Steiner-Kritiker danebengreifen, die ihn als eine Art Deutsch-Nationalen begreifen möchten. Sehr wohl hielt er den geistigen Impuls der deutschen und mitteleuropäischen Kultur für hoch bedeutsam, aber zugleich für völlig ungeeignet, um ihn in eine nationalstaatliche Form zu pressen. Letztlich projizieren die Kritiker ihre eigenen nationalen Kategorien auf Steiner, der in ganz anderen Zusammenhängen dachte.

Für heutige Begriffe am verblüffendsten ist Steiners Blick auf die dritte, die wirtschaftliche Sphäre. Zunächst einmal, weil sein Freiheitsdenken auch hier voll durchschlägt. Dem Wirtschaftskreislauf, formuliert er ungerührt, solle „auf seinem eigenen Gebiet die Tendenz zum Antisozialen nicht genommen" werden. Auch die Vorstellung, Kapital „abzuschaffen", sei Dilettantismus. Neoliberale Geister könnten versucht sein, Steiner posthum zu adoptieren. Doch will auch er eine radikal andere Ökonomie, nur eben nicht durch Eingriffe in deren eigene Dynamik, sondern durch eine intelligente Wechselwirkung mit den beiden anderen Polen, Rechtsleben und Geistesleben. Und auch hier beruft er sich auf jene epochale Tendenz zu menschlicher Selbstbestimmung, der es gerecht zu werden gelte, auch wenn sie erst undeutlich ins Bewusstsein gedrungen sei: In Wahrheit könne die heutige Menschheit wirtschaftliche und soziale Formen, die auf *Macht* und *Herkunft* beruhen, „nicht mehr ertragen". Das heutige Empfinden verlange freie Übereinkünfte, die *inhaltlich*, wenn man so will *geistig* begründet sind.

Nimmt man dies ernst, führt es zu spektakulären Folgerungen. Etwa im Erbrecht. Dieses ragt laut Steiner wie ein Relikt in unsere Epoche hinein, die eine rein *abstammungs*mäßige Weitergabe von Besitz und Kapital im Grunde nicht mehr als legitim empfinde, sondern neue Wege der Übertragung finden müsse. Hier, in der Tat, sei die Intervention des Rechtsstaates gefragt, der zwar „selbst niemals die Verfügung über ein Kapital wird an sich reißen dürfen", aber sicherstellen müsse, dass die Verfügung in produktive Hände übergeht. Das könne ein Nachkomme sein oder auch nicht, das sei in freien Korporationen zu entscheiden. So oder so müsse Kapital – wie heute schon geistiges Eigentum – nach einer gewissen Zeit an die Allgemeinheit fallen, zurück „in den Fluss des sozialen Lebens". – Selbst bei treuen Zuhörern beobachtete Steiner bei solchen Passagen eine Unruhe, als ob „gewisse Tiere juckten".

Ungewohnt auch seine Aussagen zum Arbeitsleben, insbesondere die, dass die menschliche Arbeitskraft niemals eine *Ware* sein dürfe. Den Einsatz eines Menschen wie ein totes Produkt mit Geld zu erkaufen, sei ein Rest von Sklaverei. Notwendig seien stattdessen assoziative Formen, in denen Unternehmer und Arbeitnehmer vereinbarte Anteile an dem erhalten, was gemeinsam erwirtschaftet wird. Letztlich, so Steiner, wirke die heutige Wirtschaftsform schon in ihrem Ansatz deformierend, weil sie manches als Ware behandle, das seinem Wesen nach keine sein sollte: Arbeit, auch Grund und Boden, sogar Kapital. Dies alles dürfe nicht, wie Möbel oder Töpfe, durch Kauf die Besitzer wechseln, sondern nur durch andere Arten menschlicher Vereinbarung. Dann werde gerade das Wirtschaftsleben, das heute vielen als „weniger vornehm" gelte, eine tiefe Wandlung erfahren, ja ein Raum der Brüderlichkeit werden.

Hier stößt man erneut auf jenen großen historischen Kontext, in dem sich die Dreigliederung als Aktualisierung und Vertiefung der Ideale von 1789 darstellt: unbegrenzte *Freiheit* im Geistesleben, konsequente bürgerliche *Gleichheit* im politischen Raum, *Brüderlichkeit* als emphatische Perspektive menschlicher Zusammenarbeit.[3] Anderenorts nennt Steiner die Trias: Individualismus, Demokratie, Sozialismus.

Zugleich wird an dieser Stelle deutlich, wie klärend diese Optik für heutige Debatten sein kann. Denn an sich richtige Ideale können in der „falschen" Sphäre geradezu destruktiv wirken. Greift etwa ein Gleichheits- und Proporzdenken aufs wissenschaftliche Feld (also aufs Geistesleben) über, wird das trostlose Folgen haben: Wahrheitsfragen lassen sich nicht nach Mehrheiten entscheiden. Umgekehrt wird hemmungslose Freiheit, ins wirtschaftliche Feld übertragen, zu Machtverhältnissen führen, bei denen die menschliche Würde unter die Räder kommt. Kurz, diese Sphären-Optik verlangt ein Umdenken und ein Sich-Hineindenken in die jeweilige Sphäre. Wie eingangs angedeutet, könnte man darin das tiefste Motiv der Dreigliederung (und ein Grundmotiv von Steiners Denken überhaupt) sehen: der Welt nicht mit steifen Schemata zu begegnen, er spricht gerne von „Abstraktionen", sondern jede Dimension der Wirklichkeit in ihrer inneren Charakteristik zu verstehen. In einem Vortragskonzept notierte Steiner:

> „Es kann nur helfen: die Gliederung des sozialen Organismus. Nicht die Verschmelzung. Eingesehen muss werden: die Tatsache, dass Geistesleben nur gedeihen kann, wenn es befreit ist. Rechtsleben, wenn es nicht von den Interessen des Wirtschaftskreislaufes bestimmt wird. Wirtschaftsleben nur, wenn es nicht Gewalt entwickeln kann, weil es auf sich selbst angewiesen ist."[4]

*

Eine so komplexe philosophisch-politische Botschaft – das war zweifellos ziemlich viel auf einmal, zumal wenn es mitten hinein in die Turbulenzen der jungen Weimarer Republik gesprochen wurde. Diese kämpfte selbst um ein Minimum an Stabilität, da empfanden nur wenige den Bedarf an noch weiter reichenden Innovationen. Außerdem wurde die Dreigliederungsbewegung von Beginn an scharf attackiert, insbesondere von ganz rechts, einmal sogar vom jungen Hitler selbst. Aus seiner Sicht konnten so verwirrende, nicht in nationalen Kategorien fassbare Ideen nur einen jüdischen oder bolschewistischen Ursprung haben.[5]

Jenseits der Zeitumstände aber – das Haupthindernis lag woanders: darin, dass die Menschen, so Steiner, stets fertige Konzepte verlangten und sich kaum bequemen wollten, zunächst einmal die Richtung des Gesagten zu erfassen und neue gedankliche Wege zu gehen. Es sei, schreibt er in einem Brief, als ob seine Zuhörer „nur fähig wären, Dinge zu verstehen, an die sie bis zur Satzgestaltung seit 30 Jahren gewöhnt sind".[6] Gewiss war auch Steiners Stil – sorgfältig bis zur scheinbaren Umständlichkeit – nicht angetan, diese Blockaden aufzulösen.

Wie groß die Herausforderung ist und wie sehr die Dreigliederung gängigen Denkmustern widerspricht, könnte man bis in heutige Mentalitäten verfolgen. Beispielsweise wird man allenthalben Menschen treffen, die ein Übermaß an Regulierung und einen Rückgang persönlicher Freiräume beklagen, aber bei jeder Unebenheit des Alltags „endlich strengere Regeln" fordern; im Grunde also noch weitere Verdichtung statt Durchlüftung. Vielleicht zerschellte Steiners Initiative auch an dieser Paradoxie: dass die Epoche in ihrer Grundströmung in die eine, in ihren aktuellen Reflexen aber in eine andere Richtung strebt. So gesehen, wäre schon viel gewonnen, wenn überhaupt erst ein gedanklicher Klärungsprozess begänne; und wenn ein Bewusstsein dafür entstünde, dass berechtigte Anliegen auch der richtigen *Adressierung* bedürfen, der rechten Ebene der Verwirklichung. Steiners *Dreigliederung* könnte dabei, ganz schlicht, als Kompass dienen. In der konkreten Umsetzung, meinte er, könne es ohnehin sein, dass von seinen Anregungen „kein Stein bleibt". Er war, in allen Fasern seines Wesens, ein Denker der Veränderung.

Während des Krieges hatte Steiner seinen Gesprächspartnern erklärt, sie hätten die Wahl, entweder das politisch Notwendige „durch Vernunft zu fördern oder zu erwarten, bis es sich durch Revolutionen auf ungeheuren Umwegen und durch großes Elend hindurch verwirklicht". Als er dann nach Kriegsende in den Tagen der Novemberrevolution erstmals in Vorträgen über dieses Thema spricht, hält das Stenogramm die Worte fest: „Ich glaube nicht, dass das, was ich sage, heute auf fruchtbareren Boden fällt als dasjenige, was ich im Laufe der Jahre gesagt habe; aber jeder hat seine Aufgabe."

Eigentlich, sagt Rudolf Steiner ein andermal, sei die Dreigliederung „im Grunde schon da unter der Oberfläche, es handelt sich nur darum, dass man sie ins Bewusstsein aufnimmt und die Wirklichkeit so gestaltet wie dasjenige, was unter der Oberfläche schon vorhanden ist". Dies aber müsse durchgekämpft werden.

11.
Durch Demut zum Mut
Aphoristischer Ausklang

Schwierige Selbstbehauptung. – In einem übertragenen Sinn geht es den Anthroposophen wie einst den Juden im babylonischen Exil, die sich den Spott der Umgebung anhören mussten: „Wo ist denn ihr Gott?" (Psalm 115) Sie hatten eben keine so vorzeigbaren Götter und Götterbilder wie die anderen, sondern beteten zu einem unsichtbaren Gott.

Ungefähr so steht eine heutige Geist-Behauptung, bei manchen wohl auch Geist-*Erfahrung*, zu den vorzeigbaren Laborgöttern unserer Tage.

Was tun wir da? – Wir wundern uns darüber, wie verrückt das ist: dass wir uns tagelang, eigentlich vom Frühstück bis in die Abendstunden, über nichts anderes als die Anthroposophie und Rudolf Steiners Weg zu ihr unterhalten. Als ob es kein anderes Thema in der Welt gäbe.

Im Grunde aber ist unser Thema nicht die Anthroposophie, sondern der veränderte Blick auf die *Welt*, den die Anthroposophie zugänglich macht. Wir versuchen in neuen, gehaltvolleren Formen über die Welt zu sprechen. Kein Thema könnte größer sein.

Ein Zitat. – Friedrich Rittelmeyer war, neben Christian Morgenstern, eine der wenigen bekannten Persönlichkeiten, die sich öffentlich der Anthroposophie zuwandten. Er war ein angesehener protestantischer Theologe und wurde 1916 an den *Deutschen Dom* in Berlin berufen, wo er vielbeachtete Predigten hielt. 1928 bilanzierte er:

> „Wenn man mich heute fragte: Warum bist du Anthroposoph? – so würde ich erwidern: Nicht weil ich alles durch eigene Forschung nachprüfen könnte, was Rudolf Steiner gesagt hat – davon kann nicht die Rede sein –, aber weil ich in dem wenigen, was ich nachprüfen konnte, immer nur und allmählich immer mehr überraschende Bestätigungen fand. … Nicht weil ich außer Steiner in meinem Leben keinen Menschen kennengelernt hätte, der geistig bedeutend gewesen wäre, aber weil ich einfach vor mir sehe, wie Rudolf Steiner sie alle überragte. Nicht weil ich meinte, dass nun außer Rudolf Steiner kein Mensch mehr in der Welt etwas zu tun und zu sagen hätte, aber weil ich erkenne, dass an einer entscheidenden Stelle ein Durchbruch vollzogen ist …“[1]

Besser, meine ich, kann man es nicht sagen.

Etwas ändert alles. – Eigentlich war alles da, war jedenfalls alles angelegt, bereitet. Aber etwas scheinbar Kleines, Entscheidendes fehlte, das alles organisiert, ihm eine Richtung gibt. Wie ein Samen. Dann erst kann es sich festigen, wachsen, wirken.

Abendstimmung. – Die Wege sind so weit! Die inneren wie die äußeren! Es gibt wohl Menschen, die in einem bestimmten Leben, wie Mose, das Gelobte Land noch *sehen*, aber nicht mehr betreten.

Licht, verkraftbar. – Wenn es im schleppenden Gang der Geistesgeschichte einmal einen außerordentlichen Impuls gibt, ein Ereignis erster Ordnung, dann erzeugt das immer allerhand Sekundär- und Tertiärphänomene: in Gestalt von Menschen, die das Ereignis zu verstehen versuchen, es in seiner Größe und Bedeutung zu erklären und zu vermitteln versuchen.

Diese Leute braucht man auch, diese ganze zweite Reihe der Apostel, Interpreten und Kirchenväter. Es sind nur Monde, die von fremdem Licht leben. In ihr Licht kann man aber manchmal leichter schauen als in die Sonne selbst.

Immerhin. – Es zeigt auch schon eine gewisse Größe, Größe zu *erkennen*. Die meisten gehen daran vorbei, ohne etwas zu bemerken.

Koan. – Noch so ein Satz, der einen scheinbar in die Entscheidung zwingt: Ist das ungeheurer Humbug oder ist es eine Wahrheit, zu der wir noch einen langen Weg vor uns haben? Der Satz lautet: „Wenn einstmals die ganze Erde nicht mehr sein wird, dann werden noch die Seelen sein, die sie bewohnt haben.“[2]

Küchengespräch, neuzeitlich. – Wir unterhalten uns über den heutigen gesellschaftlichen Umgang mit Krankheit und Tod und sind uns einig: Da ist vieles aus dem Lot geraten, es herrscht halb Panik, halb Sicherheitswahn, was eigentlich verschiedene Seiten desselben Phänomens sind. Die junge Frau hat einen sehr kritischen Blick auf die heutigen Mentalitäten, da fällt die Einigkeit leicht.

Ich flechte ein, dass sich der Blick auf das Thema noch einmal verändert, wenn man die Dinge im Lichte von Rudolf

Steiners Anschauung sieht, dass jede Individualität eine lange Reihe an Erdenleben durchläuft und das einzelne Leben sich als Teil eines großen Kontinuums darstellt.

Aber da möchte sie nicht mitgehen. Da vermute sie eben, sagt sie, dass die Menschen den kalten Tatsachen nicht ins Auge sehen und dem Gedanken ausweichen wollten, nicht mehr als ein einziges kleines Leben zu haben.

Mir geht durch den Kopf: Der moderne Mensch möchte vieles sein, nur nicht leichtgläubig. Auch schöne Angebote weist man, wenn ihre Fundierung fraglich erscheint, tapfer zurück. Als *naiv* dazustehen – das ist wohl heute die größte Kränkung. Gerade die Besten, Ehrlichsten wollen sich die Dinge nicht schönreden.

Aus anthroposophischer Perspektive müsste man wohl sagen: Es gibt eine Wahrheitsliebe, die an einem bestimmten Punkt der Erkenntnis der Wahrheit entgegenstehen kann. Das ist die kulturelle Schwelle, an der wir stehen.

Vexierbild. – In einem gewissen Stadium können sich die Dinge so darstellen: Das, was ich hier in der Welt vor mir sehe, ist die Wirklichkeit, und darüber hinaus mag es noch, Steiner zufolge, geistige Wesenheiten geben.

An einem bestimmten Punkt aber kann dieses Bild in ein anderes umspringen: Die Wirklichkeit, die ich vor mir sehe, ist *selbst* Produkt einer geistigen Wesenheit; in unserer Zeit zum Beispiel ist sie in weiten Bereichen Ausdruck einer, in Steiners Diktion, *ahrimanischen* Macht.

Ins Offene. – Geht man mit gewissen Beobachtungen oder Fragen in die anthroposophische Szene hinein, begegnet einem häufig eine Art Nachsicht, fast schon Herablassung; so als könne nur ein noch unvollständiges Erfassen der Dinge überhaupt solche Themen aufkommen lassen. Es ist eine – in der mentalen Grundfigur – *religiöse* Haltung, überzeugt von der Unantastbarkeit der eigenen Wahrheiten. Sie geht selbstverständlich immer freundlich auf die Zweifler ein, hält aber den Ausgang für klar. Alles andere kann sie sich nur mit „Befangenheiten" erklären, die Religionen nannten es „Verstocktheit".

Anders gesagt: Man begegnet selten einer wirklich *interessierten*, den anderen belauschenden Haltung, die die fremden Gesichtspunkte gelassen durchgeht. – Das ist auch, gewiss, viel verlangt, und ist doch genau das, worum es geht. Nicht ins Offene gehen, die Wahrheit immer schon zu haben glauben – das mag den Weg zu bestimmten Aussagen der Anthroposophie öffnen, aber es verfehlt ihren Kern.

Der abendliche Flug der Eitelkeiten. – Wie jede spirituelle Lehre ist auch die Anthroposophie in ihrer Tendenz ein Eitelkeitsreduzierungsprogramm. Aber gewisse Züge an ihr können doch auch, zumindest vorübergehend, in die entgegengesetzte Richtung wirken. Da ist der Hochmut der Eingeweihten, da sind selbstverliebte Individualitäten, „Menschen von einer verfeinerten Selbstsucht", wie Steiner einmal notierte. Manchmal zeigen sich wohl die Dinge, bevor sie vergehen, noch einmal in ihrer ganzen welken Pracht.

Organigramm. – Es gibt Anthroposophen, die mit einer so pragmatischen Selbstverständlichkeit über die Wesen der drei *geistigen Hierarchien* sprechen, als sprächen sie über verschiedene Management-Ebenen.

Gemütlich ist es nicht. – So wie es kulturelles Christentum gibt und kulturellen Islam, also ein milieuhaftes Hineinwachsen in diese Traditionen, ohne persönliche, ins Letzte gehende Eroberung und Entscheidung, so gibt es wohl inzwischen auch kulturelle Anthroposophie. Kraftlos sind sie alle. Denn die Kraft kann nur aus einem scharfen Prozess innerer Auseinandersetzung und Aneignung hervorgehen, der die Dinge ganz neu vor sich stellt.

Durch die Wüste. – Wieder einmal ist eines dieser Konvolute erschienen, in denen Menschen, die sich absolut sicher sind, auf der richtigen Seite zu stehen, zu beweisen versuchen, dass Rudolf Steiner ein nationalistischer, rassistischer, reaktionärer, obskurer, scheinheiliger Schwätzer war. Ich leite es zur Abrundung unseres Weltbildes an einen anthroposophischen Freund weiter. Seine Antwort: „Ja, man würde gerne das arabische Sprichwort zitieren: *Die Hunde bellen, die Karawane zieht weiter*, das Helmut Kohl öfter benutzt hat. Man weiß nur nicht genau, ob es hier eigentlich eine Karawane gibt, die irgendwohin unterwegs ist."

Die unsichtbare Wand. – Bei Steiner findet man beides: einerseits die Überzeugung, „dass wir wirklich gegenüberstehen dem Hereinbrechen einer geistigen Welt in unsere gegenwärtige Welt"; und andererseits die Feststellung, dass eben dies nicht geschieht, gelegentlich gar beim Besprechen dieser Fragen Ausrufe wie: „Das ist so einfach, aber die Menschen begreifen es nicht." – Wie passt das zusammen?

Grundsätzlich muss es kein Widerspruch sein, dass da eine Entwicklungsschwelle ist, etwas dringlich Bevorstehendes, und dass diese Schwelle dennoch nicht erkannt und überschritten wird. Doch verschiebt dies die eine Frage nur zu der anderen: Warum gelingt dieser Schritt nicht?

Vielleicht könnte man sagen: Es gibt in unserer Zeit durchaus eine verbreitete Empfindung, dass ein grundlegender Wandel notwendig wäre, und viele spüren auch, dass dieser Wandel nicht nur bestimmte praktisch-politische Dinge, sondern unsere ganze Haltung zur Welt verändern müsste. Diese Empfindung äußert sich auch in zahllosen Appellen zur Abkehr vom herrschenden „Materialismus“ und in einem bunten Kranz spiritueller Aufbruchsversuche. Es fehlt ihr aber etwas Entscheidendes: dass dieser Bewusstseinswandel sich nicht nur als wünschenswert, sondern als tiefer fundiert ausweisen kann, als etwas sozusagen Weltlogisches.

Das mag überraschend klingen. Reicht es nicht, dass eine Sache aus pragmatischen und emotionalen Gründen richtig erscheint? Nein, es reicht nicht – nicht in dieser Epoche. Und Steiner selbst hat diese besondere Disposition der Epoche eingehend thematisiert. Man könnte sie ihr Transparenzverlangen nennen, ihr Nicht-mehr-einfach-folgen-Können, ihr *Verstehenwollen*. Nur ist bis jetzt nicht durchgedrungen, was der Schlüssel zu einem solchen Verstehen wäre: eine vorsichtige Erweiterung dessen, was wir als Wirklichkeit gelten lassen. Und dies nicht, weil uns ein spiritueller Überbau in diesen nüchternen Zeiten willkommen wäre (das ist ja immer der neuzeitliche Verdacht), sondern weil durchgreifende Welterkenntnis schlicht unmöglich ist, wenn ganze Dimensionen ausgeblendet bleiben.

An dieser Einsicht aber hängt alles. Diese Epoche wird sich nur bewegen, wenn sie begreift, warum und wohin sie sich bewegt. Erst wenn ein neues Weltverständnis in seiner inneren Logik erfassbar oder wenigstens ahnbar wird – erst dann wird es die notwendige Durchsetzungskraft erlangen. Davon sind wir, alles in allem, weit entfernt.

Insofern: Die Epoche folgt in allen ihren Fasern Steiners Deutung. Aber sie merkt es nicht. Sie ist *nah dran* an einem neuen Weltverständnis – und doch wie durch Panzerglas davon getrennt.

Schlafen gegen rechts. – Ich muss gestehen, dass mir diese Steiner-Aussage sofort einleuchtete: dass der Mensch „eigentlich nur zur Hälfte ein soziales Wesen ist, dass er zur anderen Hälfte ein antisoziales Wesen ist". Und es kommt noch schlimmer. Unglückseligerweise, so Steiner, dominierten gerade im *Tages*bewusstsein die antisozialen Impulse – „Nur wenn wir schlafen, stellen wir ein ungeschminktes, richtiges Verhältnis von Mensch zu Mensch her".

Versöhnlich fand ich aber die Fortsetzung: „dass man gut chauvinistisch national sein kann im Wachen – wenn man im Schlafe ist, wird man gerade unter diejenigen Menschen versetzt, ist man mit denen zusammen, namentlich mit ihrem Volksgeist, die man im Wachen am allermeisten hasst. Dagegen lässt sich schon nichts machen". Insofern, allen Reaktionären eine geruhsame Nacht!

Der Stein, den die Bauleute verworfen haben. – Wie radikal Steiners Weltsicht allen vermeintlichen Gewissheiten der Neuzeit widerspricht, könnte man an einem einzigen Satz zeigen. Kants Satz: „Dem Gebete andere als natürliche Folgen beizulegen, ist töricht und bedarf keiner ausführlichen Widerlegung."[3] Gemeint ist: Eine solche Praxis mag subjektiv erbaulich sein und positive ethische Effekte haben, aber selbstverständlich keine über diese Ebene hinausgehenden *Welt*wirkungen. So etwas anzunehmen, sei so offenkundiger Unsinn, dass es sich nicht einmal lohne, darüber zu diskutieren.

Dieses nicht einmal Diskutable ist das Zentrum von Steiners Anschauungen.

Er kehrt die Dinge sogar um. Einmal beispielsweise, als es um eine Neubelebung des Gottesdienstes geht, sagt er: Dies alles sei mit dem größten Ernst anzugehen, weil es hier um tiefe Realitäten gehe, sogar bestandhafter als die bunten und scheinbar so robusten äußeren Wirklichkeiten: „Das ist alles eine temporäre Erscheinung im Weltall, das heißt, es wird anstelle dessen, was wir in unseren Mineralien, Pflanzen, Tieren und so weiter auf der Erde haben, ein Nichts sein, weniger sogar als ein Nichts. Aber wenn man dann zurückschauen würde auf die Ereignisse, die sich auf dieser Erde als Messopfer zugetragen haben, so wären deren Wirkungen immer vorhanden. Der Kultus ist eben realer als die Natur, wenn er in der richtigen Weise ausgeübt wird."[4]

Wenn das zutrifft, bedeutet es in der Tat einen geistigen Umsturz. Und wir werden uns schon ein paar Jahrhunderte zubilligen müssen, um es zu verarbeiten und im rechten Sinn zu verstehen.

Wofür die Anthroposophie gebraucht wird. – Es gibt in der Anthroposophie manche schwer vermittelbaren, in den heutigen Diskursen nicht leicht zu vertretenden Aspekte. Und man kann versucht sein, diese unbequemen Aspekte in den Hintergrund zu rücken oder nur intern zu verhandeln. Dies aber ist gerade der falsche Reflex. Jedenfalls wenn man dem Gedanken folgt, dass die Anthroposophie genau mit dem, worin sie fremd in ihrer Zeit steht, ihren Nutzen und ihren Auftrag in den Blick bekommt: die Schwachpunkte unserer Epoche anzusprechen, die zugleich ihre Entwicklungspunkte sind. Wo es wehtut, sind wir richtig. Anthroposophie ist nicht mit dieser, sondern mit der nächsten Epoche befreundet.

Tiefer ansetzen. – Der Weg sei paradox, sagt Rudolf Steiner einmal, er führe „durch Demut zum Mut".[5] – Als wollten die Anthroposophen auch diese Aussage des Meisters beweisen: Ihnen fehlt weithin die Demut, ihnen fehlt weithin der Mut.

Verwechslung. – Manche meinen offenbar, ein anthroposophisch orientiertes Dasein bestünde darin, sich hauptsächlich mit Anthroposophie zu befassen. Es bedeutet aber, sich – durch die Anthroposophie geschult – mit den Dingen der *Welt* zu befassen. Anthroposophie ist nicht Stoff, sondern Geist.

Tröstlicher Satz. – In einem entlegenen Dasein, vielleicht zweifelnd und resonanzarm, kann eine solche Einordnung hilfreich sein: „Dasjenige, was in Bezug auf einen Teil geschieht, oder von einem Teil getan wird, wird stets dadurch, dass sich die Kräfte hinter den Kulissen des physischen Daseins in einer gewissen Weise anordnen, der ganzen Menschheitsevolution zukommen."[6]

Groß und schief. – In der Regel können und wollen Menschen Dinge nur aufnehmen, wenn sie sich davon etwas versprechen, wenn sie die Mühe als Teil eines sinnvollen Prozesses wahrnehmen können. Auf die Anthroposophie angewendet: Sie erscheint heute den meisten Außenstehenden als etwas, das manche positiven Früchte trägt, aber in seinen geistigen Hintergründen recht speziell und schwer zugänglich ist. Diese Lesart wird kaum jemanden dazu motivieren, zu ihren Wurzeln und Grundgedanken vorzudringen. In der Tat sind ja diese Gedanken schwierig und können – etwa durch ihre theosophischen Ausdrucksformen – befremdlich wirken.

Es könnte, wenn man die Dinge aus sehr großem Abstand betrachtet, noch ein anderes Narrativ geben: Die Anthroposophie ist etwas Großes, Gerades, das sich vielleicht gerade *wegen* seiner Größe und Geradheit nicht in die gängigen Formen der Epoche einpassen konnte und deshalb selbst manch besondere, schräge Formen annehmen musste.

Man hätte nun die Wahl: entweder die Größe in den Blick zu nehmen oder die schiefe Form. – Keine Frage, hier entstünde ein Motiv.

Selbstermahnung. – Wie groß ist doch die Gefahr, dass über all den Worten und Wellenbewegungen das Entscheidende unhörbar bleibt – „die absolute Stille und Lautlosigkeit der geistigen Welt“.

Anmerkungen

Zitate sind, entsprechend dem essayistischen Charakter des Buches, nur bei zentralen oder schwer zugänglichen Stellen nachgewiesen. Steiner-Zitate sind, seit die *Rudolf Steiner Gesamtausgabe* (GA) im Internet greifbar ist, ohnehin dort recherchierbar.

Einleitung

1 Notizblatt ca. 1920, in: Rudolf Steiner: *Wahrspruchworte* (GA 40), Dornach, 10. Auflage 2019, S. 169
2 Rudolf Steiner: *Fachwissenschaften und Anthroposophie* (GA 73a), Dornach, 1. Auflage 2005, S. 469
3 Rudolf Steiner: *Vom Wesen der Farben* (GA 291), Dornach, 4. Auflage 1991, S. 111

1. Man möchte es hinausschreien. Aphoristische Einstimmung

1 Rudolf Steiner: *Anthroposophie. Eine Zusammenfassung nach einundzwanzig Jahren* (GA 234), Dornach, 6. Auflage 1994, S. 42
2 Rudolf Steiner: *Zeitgeschichtliche Betrachtungen. Das Karma der Unwahrhaftigkeit, Teil II* (GA 174), Dornach, 2. Auflage 1983, S. 205
3 Rudolf Steiner: *Entwicklungsgeschichtliche Unterlagen zur Bildung eines sozialen Urteils* (GA 185 a), Dornach, 3. Auflage 2004, S. 69
4 Rudolf Steiner: *Philosophie und Anthroposophie. Gesammelte Aufsätze 1904–1923* (GA 35), Dornach, 3. Auflage 2014, S. 285

2. Seelengeschichten. Wie Lebensläufe lesbar werden

1 In: Rudolf Steiner: *Wo und wie findet man den Geist?* (GA 57), Dornach, 2. Auflage 1984 , S. 215-244

2 Thomas Mann: *Tolstoj. Zur Jahrhundertfeier seiner Geburt.* In: Leo N. Tolstoj: Die großen Erzählungen, Frankfurt/Main 1961, S. 317–323

3 Rudolf Steiner: *Theosophie. Einführung in übersinnliche Welterkenntnis und Menschenbestimmung* (GA 9), Dornach. 30. Auflage 1978, S. 56f

4 Brief an Christoph Boy (Überlieferung, Datum unbekannt), in: Rudolf Steiner: *Sprüche, Dichtungen, Mantren* (GA 40a), Dornach, 1. Auflage 2002, S. 286

3. Wer war Rudolf Steiner? Annäherungen an eine Biografie

1 Rudolf Steiner: *Geschichtliche Symptomatologie* (GA 185), Dornach, 3. Auflage 1987, S. 156

2 In: *Beiträge zur Rudolf Steiner Gesamtausgabe*, Heft. 49/50, Dornach 1975, S. 7

3 Rudolf Steiner: *Mein Lebensgang* (GA 28), Dornach, 7. Auflage 1962, S. 60f

4 Rudolf Steiner: *Briefe. Band I: 1881–1890* (GA 38), Dornach, 3. Auflage 1985, S. 13

5 Aus dem Briefwechsel Kürschner – Schröer – Steiner, in: *Beiträge zur Rudolf Steiner Gesamtausgabe*, Heft 46, Dornach 1974, S. 5f

6 Rudolf Steiner: *Menschliche und menschheitliche Entwicklungswahrheiten. Das Karma des Materialismus* (GA 176), Dornach, 2. Auflage 1982, S. 26

7 *Mein Lebensgang*, a. a. O., S. 104f

8 Ebd. S. 373

9 Stefan Zweig: *Die Welt von Gestern. Erinnerungen eines Europäers*, Frankfurt/Main, S. 140

10 Rudolf Steiner: *Die Philosophie der Freiheit* (GA 4), Dornach, 16. Auflage 1995, S. 233

11 *Mein Lebensgang*, a. a. O., S. 392f

12 Rudolf Steiner: *Die soziale Grundforderung unserer Zeit* (GA 186), Dornach, 3. Auflage 1990, S. 262

13 Die verfügbaren Quellen, insbesondere Kafkas Aufzeichnungen und Brods späteres „Gedächtnisprotokoll“, sind zusammengestellt in: Wolfgang Vögele: *Der andere Rudolf Steiner. Augenzeugenberichte, Interviews, Karikaturen*, Basel 2005, S. 185–193

14 Zit. nach: J. Emanuel Zeylmans van Emmichoven: *Wer war Ita Wegman*, Reutlingen 1990, Bd. 1, S. 207

15 *Mein Lebensgang*, a. a. O., S. 315
16 Rudolf Steiner: *Wo und wie findet man den Geist?* (GA 57), Dornach, 2. Auflage 1984, S. 159f
17 Rudolf Steiner: *Die Sendung Michaels* (GA 194), Dornach, 4. Auflage 1997, S. 198f
18 *Geschichtliche Symptomatologie*, a. a. O., S. 149f

4. Paralleluniversum Anthroposophie. Wie sich ihr Verhältnis zur etablierten Wissenschaft verstehen ließe

1 Rudolf Steiner: *Anthroposophische Leitsätze* (GA 26), Dornach, 6. Auflage 1972, S. 30
2 Gustav Mensching (Hg.): *Buddhistische Geisteswelt. Vom historischen Buddha zum Lamaismus*, Wiesbaden 1955, S. 41
3 Rudolf Steiner: *Weltwesen und Ichheit* (GA 169), Dornach, 3. Auflage 1998, S. 145ff

5. Der Blinde Fleck der Neuzeit: Philosophische Gesichtspunkte

1 In: Rudolf Steiner: *Philosophie und Anthroposophie. Gesammelte Aufsätze 1904–1923* (GA 35), Dornach, 3. Auflage 2014, S. 66–110
2 Sigmund Freud: *Gesammelte Werke, Bd. 15, Neue Folge der Vorlesungen zur Einführung in die Psychoanalyse*, London 1940 (Nachdruck Frankfurt/Main, 6. Auflage 1973), S. 86
3 Friedrich Schiller: *Über die ästhetische Erziehung des Menschen*, Vierter Brief
4 Rudolf Steiner: *Mein Lebensgang* (GA 28), Dornach, 7. Auflage 1962, S. 320
5 Ludwig Wittgenstein: *Werkausgabe Bd. 6*, Frankfurt/Main 1984, S. 245
6 Rudolf Steiner: *Gegensätze in der Menschheitsentwickelung. West und Ost - Materialismus und Mystik - Wissen und Glauben* (GA 197), Dornach, 3. Auflage 1996, S. 157f
7 Rudolf Steiner: *Anthroposophische Leitsätze* (GA 26), Dornach, 6. Auflage 1972, S. 186

6. Eine Anthroposophie, die keine mehr ist? Das Dilemma der Vermittlung

1 Rudolf Steiner: *Geisteswissenschaftliche Behandlung sozialer und pädagogischer Fragen* (GA 192), Dornach, 2. Auflage 1991, S. 365
2 Rudolf Steiner: *Soziale Ideen – Soziale Wirklichkeit – Soziale Praxis, Band I* (GA 337a), Dornach, 1. Auflage 1999, S. 180
3 Rudolf Steiner: *Die Geschichte und die Bedingungen der anthroposophischen Bewegung im Verhältnis zur Anthroposophischen Gesellschaft* (GA 258), Dornach, 3. Auflage 1981, S. 143

7. Rassistische Tendenzen? Anthroposophie unter Verdacht

1 Einen Überblick über den Verlauf der Debatte gibt Peter Selg: *Rudolf Steiner, die Anthroposophie und der Rassismus-Vorwurf*, Arlesheim 2020, S. 7ff
2 Rudolf Steiner: *Die Mission einzelner Volksseelen* (GA 121), Dornach, 5. Auflage 1982
3 Rudolf Steiner: *Die spirituellen Hintergründe der äußeren Welt* (GA 177), Dornach, 5. Auflage 1999, S. 141f
4 Beispiele in Martina Maria Sam: *Rudolf Steiner. Kindheit und Jugend 1861–1884*, Dornach 2018, S. 315
5 Rudolf Steiner: *Gesammelte Aufsätze zur Kultur- und Zeitgeschichte* (GA 31), Dornach, 3. Auflage 1989, S. 379
6 Rudolf Steiner: *Gesammelte Aufsätze zur Literatur 1884–1902* (GA 32), Dornach, 3. Auflage 2004, S. 152
7 Helmut Zander: *Rudolf Steiner. Die Biografie*, München 2011, S. 73ff
8 *Gesammelte Aufsätze zur Kultur- und Zeitgeschichte, a. a. O., S. 404*
9 Die gängige Referenz dabei ist die sogenannte *Jenaer Erklärung* von 2019. Deren Autoren betonen, rein materialistisch-genetisch basiert, dass etwa die Unterschiede im Genom zwischen europäischen und afrikanischen Populationen teilweise kleiner sind als die innerhalb Europas bzw. Afrikas. Außerdem sei angesichts der Übergänge jede Abgrenzung „willkürlich“ (eine Selbstverständlichkeit). – Letztlich liegt auf der Hand, dass kulturelle Faktoren relevanter als biologische sein können, und kein aufgeklärter Mensch wird sich darauf versteifen, an dem in der Tat unscharfen und historisch belasteten Rasse-Begriff festzuhalten. Im Kern aber geht es um die Frage, ob grundsätzlich ein Sprechen über ethnische und

kulturelle Unterschiede in der Menschheit möglich ist oder ob das Thema vollständig tabuisiert wird.

10 Einen Überblick und eine kritische Auseinandersetzung mit bestimmten Steiner-Äußerungen bieten Ramon Brüll und Jens Heisterkamp: *Frankfurter Memorandum. Rudolf Steiner und das Thema Rassismus*, Frankfurt/Main, 4. überarbeitete Auflage 2021

11 Zitiert ebd. im Anhang

12 *Die spirituellen Hintergründe der äußeren Welt*, a. a. O., S. 93

13 Rudolf Steiner, *Die Sendung Michaels* (GA 194), Dornach, 4. Auflage 1994, S. 117

8. Neumanns Unbehaglichkeit. Zur schwierigen Nachbarschaft von Religion und Anthroposophie

1 Rudolf Steiner: *Mein Lebensgang* (GA 28), Dornach, 7. Auflage 1962, S. 126f

2 E. Riggenbach zitiert im Anhang von: Rudolf Steiner: *Die spirituellen Hintergründe der äußeren Welt* (GA 177), Dornach, 5. Auflage 1999, S. 280

3 Rudolf Steiner: *Die Erziehungsfrage als soziale Frage* (GA 296), Dornach, 4. Auflage 1997, S. 113

9. Das Feld, in dem wir stehen. Anthroposophie und Medizin

1 Rudolf Steiner: *Die Sendung Michaels* (GA 194), Dornach, 4. Auflage 1997, S. 139

2 Rudolf Steiner: *Das Ewige in der Menschenseele* (GA 67), Dornach, 2. Auflage 1993, S. 168

3 Rudolf Steiner: *Geisteswissenschaft und Medizin* (GA 312), Dornach 1999, S. 126

4 Ebd., S. 207

5 Rudolf Steiner: *Geschichtliche Symptomatologie* (GA 185), Dornach, 3. Auflage 1987, S. 81

6 Rudolf Steiner: *Kosmogonie* (GA 94), Dornach 2001, S. 66

7 Carl Friedrich von Weizsäcker / Gopi Krishna, *Die biologische Basis der religiösen Erfahrung*, Frankfurt/Main 1988, S. 27

10. Was heißt „soziale Dreigliederung“? Rudolf Steiner als politischer Denker

1 Viele Einzelheiten der Darstellung sind dem Buch von Steiners Mitstreiter Hans Kühn entnommen: *Dreigliederungs-Zeit*, Dornach 1978

2 Genauer ausgeführt in: Rudolf Steiner: *Entwicklungsgeschichtliche Unterlagen zur Bildung eines sozialen Urteils* (GA 185 A), Dornach, 3. Auflage 2004, S. 78 ff

3 Eingehendere Begründung in: Rudolf Steiner: *Die Kernpunkte der sozialen Frage* (GA 23), Dornach 1961, S. 87–89

4 Rudolf Steiner: *Die soziale Frage* (GA 328), Dornach, 1. Auflage 1977, S. 190

5 In einem Leitartikel im *Völkischen Beobachter* attackierte Hitler den Außenminister Walter Simons und bezeichnete ihn als „intimen Freund des Gnostikers und Anthroposophen Rudolf Steiner“ und als „Anhänger der Dreigliederung des sozialen Organismus und wie diese ganzen jüdischen Methoden zur Zerstörung der normalen Geistesverfassung der Völker heißen“. (Artikel „Staatsmänner und Nationalverbrecher“, 15. März 1921)

6 Brief an Eliza von Moltke, 28. 5. 1919. In: Helmuth von Moltke. Dokumente zu seinem Leben und Wirken, hrsg. von Andreas Bracher und Thomas Meyer, Basel 2005. Band 2: Briefe von Rudolf Steiner an Helmuth und Eliza von Moltke, S. 240

11. Durch Demut zum Mut. Aphoristischer Ausklang

1 Rittelmeyers Aufzählung ist etwa viermal so lang wie das hier Zitierte. In: Friedrich Rittelmeyer: *Meine Lebensbegegnung mit Rudolf Steiner*, Stuttgart, 10. Auflage 1983, S. 137f

2 Rudolf Steiner: *Aus den Inhalten der esoterischen Stunden, Band I* (GA 266/1), Dornach, 1. Auflage 1995, S. 59

3 Immanuel Kant: *Sieben kleine Aufsätze, Werke Band IV*, Berlin 1913, S. 525

4 Rudolf Steiner, *Vorträge und Kurse über christlich-religiöses Wirken III, Vorträge bei der Begründung der Christengemeinschaft* (GA 344), Dornach, 1. Auflage 1994, S. 43

5 Ebd. S. 39

6 Rudolf Steiner: *Zeitgeschichtliche Betrachtungen. Das Karma der Unwahrhaftigkeit, Teil I* (GA 173), Dornach, 2. Auflage 1978, S. 354

Textnachweise

Die bereits erschienenen Essays wurden teils in Nuancen, teils auch stärker überarbeitet.

Man möchte es hinausschreien: Teilveröffentlichung unter dem Titel *Aristoteles kommt von der anderen Seite* in *info 3*, Januar 2018
Seelengeschichten: Erstveröffentlichung
Wer war Rudolf Steiner? Erstveröffentlichung
Paralleluniversum Anthroposophie? Zuerst in *info 3*, März 2019
Der Blinde Fleck der Neuzeit: Erstveröffentlichung
Eine Anthroposophie, die keine mehr ist? Zuerst in *info 3*, Februar 2021
Rassistische Tendenzen? Teilveröffentlichung unter dem Titel *Ein Menschenfreund* in *Die Zeit*, 11. Februar 2021
Neumanns Unbehaglichkeit: zuerst in *Die Christengemeinschaft*, Oktober 2021
Das Feld, in dem wir stehen: zuerst in *Die Christengemeinschaft*, März 2021
Was heißt „soziale Dreigliederung"? Erstveröffentlichung
Durch Demut zum Mut: Erstveröffentlichung

Weitere Titel zur Anthroposophie aus dem Info3 Verlag

Eine Auswahl

Wolfgang Müller

Nachgefragt: Anthroposophie

Häufig gestellte Fragen zu Rudolf Steiner und seinem Werk

ca. September 2023, ca. 112 Seiten, Klappenbroschur

ISBN 978-3-95779-193-1

Der Gründer der Anthroposophie, Rudolf Steiner (1861–1925), hat ein immenses schriftliches Werk hinterlassen, an die vierhundert Bände, wenn man seine Bücher und die Nachschriften seiner Vorträge zusammennimmt. Wo soll man da anfangen, wie jemals an ein Ende kommen? Selbst diejenigen, die sich Jahre und Jahrzehnte in diesem geistigen Gelände bewegen, finden es oft nicht leicht, die zentralen Inhalte auszudrücken oder wenigstens anzudeuten.

Dieses kleine Buch bietet kurze Antworten auf häufig gestellte Fragen, teilweise auch auf Angriffe, denen die Anthroposophie immer wieder ausgesetzt ist. Es sind durchaus persönliche Antworten von einem, der sich selbst, mit viel Skepsis im Gepäck, der Anthroposophie genähert hat. Aber gerade diese persönliche Dimension führt in die Mitte der Anthroposophie.

Christian Rittelmeyer

Rudolf Steiners Mission und Wirkung

Exkursionen in eine fremdartige Bildungslandschaft

1. Auflage 2023, 184 Seiten, Broschur, € 18,00

ISBN 978-3-95779-183-2

Der Erziehungswissenschaftler Christian Rittelmeyer setzt sich in diesem Buch umfassend mit dem Phänomen Steiner auseinander – von Waldorfpädagogik bis Eurythmie, von Goetheanismus bis zur Michael-Imagination, von Meditation bis Architektur. Dabei versucht er aus der Perspektive des Nicht-Anthroposophen „Subtexte" in Steiners Werk freizulegen, die bis heute in oft erstaunlicher Aktualität mit drängenden Zeitfragen korrespondieren.
Seine These ist, dass durch die oft befremdlich wirkenden Aussagen Steiners auch Botschaften von erstaunlicher Modernität gleichsam hindurchschimmern.

***

Ulrich Kaiser

Der Erzähler Rudolf Steiner

Studien zur Hermeneutik der Anthroposophie

1. Auflage 2020, 280 Seiten, Klappenbroschur, € 22,00

ISBN 978-3-95779-111-5

Viele von Rudolf Steiner vermittelte Inhalte sind nicht im naturalistisch-wissenschaftlichen Sinne nachprüfbar. Für seine Anhänger wirken sie glaubhaft, weil sie von der Glaubwürdigkeit ihres Urhebers überzeugt sind, für seine Kritiker bieten sie Anlass zu grundlegender Skepsis. Hier schlägt Ulrich Kaiser einen neuen Weg ein. Er löst Steiner aus dem beengenden Vergleichsrahmen der Wissenschaft heraus und will ihn als Erzähler verstehen – nicht aber im Sinne einer beliebigen Konstruktion von Geschichten, sondern eines freilassenden und authentischen Verstehens-Angebots, das sich in der Lebenspraxis bewahrheiten mag. Steiner selbst sagte: „Ich lehre nicht, ich erzähle". Sein Werk darf unbequem befragt werden. Es bedarf unserer Fragen. Es muss sich durch unsere Fragen weiterentwickeln.

Jost Schieren (Hrsg.)

Die philosophischen Quellen der Anthroposophie

Eine Vorlesungsreihe an der Alanus-Hochschule

1. Auflage 2022, 344 Seiten, Broschur, € 24,90

ISBN 978-3-95779-157-3

Rudolf Steiner und seine Anthroposophie stehen in der öffentlichen Wahrnehmung als solitäre Phänomene da. Der abgeschlossen erscheinende Kosmos seines Werkes macht es für Nachfolger und Kritiker gleichermaßen zu einem exklusiven Bezugspunkt. Dabei hat Steiner selbst zahlreiche Bezüge und Brückenschläge zu vorwiegend abendländischen Denktraditionen geschaffen.

In diesem Band zeigen zehn philosophische Forscher, dass und wie die Anthroposophie selbst unmittelbar und substantiell an die Philosophiegeschichte von der Antike bis in die Gegenwart anknüpft. Dabei werden Übereinstimmungen mit anderen Denkrichtungen, aber auch Divergenzen sicht- und diskutierbar.

Mit Beiträgen von Wolf-Ulrich Klünker, Salvatore Lavecchia, Jost Schieren, Marcello da Veiga, Hartmut Traub, Leonhard Weiss, David Marc Hoffmann, Axel Föller-Manchini, Jaap G. Sijmons, Johannes Wagemann.

***

Mathias Wais

Ach du liebe Anthroposophie

Briefe an eine Freundin

1. Auflage 2020, 124 Seiten, Klappenbroschur, € 12,90

ISBN 978-3-95779-131-3

Ach Du liebe Anthroposophie – mit dieser herzlichen Anrede beginnt Mathias Wais seine besinnlich-heitere Briefe an die verehrte Freundin Anthroposophie – mal kritisch hinterfragend, mal anregend, aber immer verbindlich. Denn der humorvoll anmutende Rahmen eines direkten Austauschs mit dem Wesen Anthroposophie hat einen ernsten Hintergrund: die Sorge um den Zustand eines geistigen Impulses, der heute nach Erneuerung verlangt.

Jens Heisterkamp

Anthropposophische Spiritualität

Denken, Meditation und geistige Erfahrung bei Rudolf Steiner. Eine Einführung

2. Auflage 2016, 136 Seiten, Klappenbroschur, € 7,90

ISBN 978-3-95779-020-0

Worin liegt die spirituelle Botschaft der Anthroposophie? Das Buch antwortet auf diese Frage und zeichnet den Weg nach, den Rudolf Steiner selbst vom philosophischen Denken zu Meditation und geistiger Erfahrung gegangen ist. So entstand ein neuer Zugang zu Spiritualität, der den Intellekt in Richtung einer Selbstklärung des Bewusstseins übersteigt. Ebenso dialogisch offen für neu Interessierte wie auch vertiefend für Kenner der Anthroposophie zeigt der Autor, worum es der anthroposophischen Spiritualität geht: um Selbstfindung im All-Einen.

INFO3 VERLAG

Info3-Verlag
Kirchgartenstr. 1 – 60439 Frankfurt
Tel. 069-58 46 47 – Fax 069-58 46 16
Mail: vertrieb@info3.de
Web: www.info3-verlag.de